経済学教室 11

日本経済論

古川 徹也 著

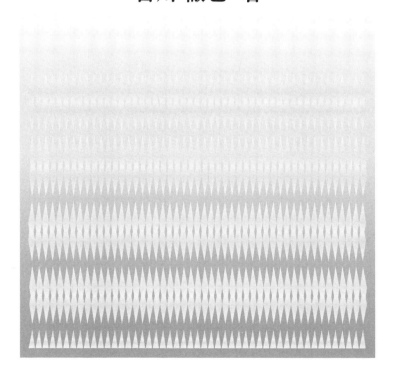

培風館

編　集
丸　山　徹

本書の無断複写は，著作権法上での例外を除き，禁じられています。
本書を複写される場合は，その都度当社の許諾を得てください。

はじめに

本書の目的

　日本に限らないが，経済は常にダイナミックに動くものである．本書の原稿を作成した時点から初校ができあがるまでの間ですら，たとえば消費税の8％から10％への増税が2019年10月に再延期されるといった大きな出来事が起きている．そのように変化の激しい経済について，ある時点で書籍という形で切り取って解説することは極めて困難である．

　しかしながら，過去におきたこと，現在起きていることのエッセンスを経済学に基づいて理解する力を身に付けることができれば，将来の新たな出来事に直面した場合でも，その意味を理解することができる．置かれている状況を理解することができれば，現実の中で感じることの多い不安をある程度取り除くことができるだろう．

　筆者はミクロ・マクロ経済学やゲーム理論といった経済学の理論的な側面に関心があり，それらの知識を通して日本経済について考察したことを紹介するという講義スタイルをとってきた．筆者の講義で取り上げる内容は，巻末にごく一部を紹介した日本経済に関する他のすぐれた研究書や解説書に比べると，データの扱い方や細かい専門知識について不十分な点が多いかもしれない．しかしながら，経済学を学びはじめた学生たちが，抽象的に見える経済理論と日本経済の動きとの密接な関わりについて関心を持てるよう講義してきたつもりである．その経験に基づいて書かれたのが本書である．

　本書では比較的容易にアクセスできるデータと歴史的な事実をもとに，第1章で述べる基本的な経済学の考え方と，各章で紹介するミクロ・マクロ経済学の手法によって日本経済を理解できるようになることを目指している．

どこまでそれに成功しているかについては，読者の方々の評価にゆだねたい。不十分な点についてはぜひご指摘していただきたい。

本書の対象となる読者

　本書がとくに念頭においている読者は，第1に，経済学部1年次で学ぶレベルの経済学（とくにミクロ・マクロ経済学）に関する入門講義を終え，そこで学んだ知識と現実の日本経済との関係について知りたい，あるいはそれらの経済学の応用について考えたいと思っている大学生である。したがって，本文や補論にミクロ・マクロ経済学の入門から初級レベルの講義で学ぶような内容を数多く取り入れ，実際の経済問題との関係を説明した。読者はすでに学んだ内容の復習として，あるいは知識の整理としてそれらに目を通していただきたい。

　第2に，日々の日本経済の動きに強い関心があり，経済学ではそれらをどのように理解できるかについて知りたい一般の方々である。2016年9月現在でも景気回復の足取りは重く，生活が楽にならない方々，ますます進む少子高齢化等により将来に対する不安を感じている方々も多いであろう。それらの方々に対して，問題の解消までは難しいとしても，いま置かれている状況を理解する手段として経済学による日本経済の理解の方法を提示したいと考えている。

本書の伝えたいメッセージ

　筆者は神奈川県箱根町の出身であるが，お隣の小田原市が生んだ偉人の一人に学校の銅像で有名な二宮尊徳（金次郎）がいる。小田原駅からほど近くにある二宮尊徳を祀る報徳二宮神社を訪れると，彼の像の横に

「経済なき道徳は戯言であり　道徳なき経済は犯罪である」

という彼の言葉が掲げられている[1]。

　筆者が本書を通じて伝えたかったメッセージはこれである。「経済成長ば

---

[1] 地元の偉人の言葉を知ったきっかけは，松井彰彦東京大学教授が書かれた日本経済新聞の記事「道徳と経済原理　融合を」（2014年4月8日）である。

はじめに

かりを追い求めるのはもうやめよう，もっと大切なものがあるはず」といった耳触りのよい理想論で人々を惑わすことも，「効率性重視」の名のもとに人間をモノのように使い捨てることも，我々を豊かに，幸せにすることはできないと筆者は考える。本書が，上の尊徳翁の言葉を理解し実践するための力，すなわち現実のデータや制度を知り，それらの問題点を経済学の目を通してみることができるようになり，戯言も語らず罪を犯すこともない力をつけるきっかけになれば幸いである。

謝　辞

　まず，本書を執筆するきっかけを与えて下さった丸山徹先生（慶應義塾大学名誉教授）に感謝の意を表したい。丸山先生には学部ゼミの時代から約30年にわたり御指導いただき，今回本書が完成するまで激励し続けてくださった。さらに，お忙しい中で原稿にも注意深く目をとおしていただき，有益なコメントを数多くくださった（それにどれだけ答えられたか心配であるが）。誠に感謝の念に堪えない。また大島通義先生（慶應義塾大学名誉教授）には，筆者の大学院時代に財政学をご指導いただいた。もともと抽象的な理論経済学の世界に関心のあった筆者が，とくに財政の側面から現実の経済について関心をもつようになり，本書へとつながったのは大島先生との出会いがあったことが大きい。この場を借りてお礼を申し上げたい。さらに，培風館の松本和宣氏，斉藤淳氏には，筆者の遅筆によりたいへんご迷惑をおかけしたことをお詫びすると同時に，様々なご配慮に感謝する次第である。

　我々が生きていくことと「経済」は切っても切れないものであるから，経済全般，その中でも日本経済に対して全く関心のない人はおそらくいないであろう。本書によって，経済学をとおして日本経済をみることへの関心を持つ方がひとりでも増えれば幸いである。

　　　2016年9月

古川　徹也

目　　次

1　本書を読むための準備　1
1.1　経済活動からの利益　1
1.2　経済活動を促進するための貨幣の役割　4
1.3　需要と供給：価格の決定　6
　　　　需要曲線と供給曲線　　余剰の配分
1.4　経済活動を支える政府の役割　11
1.5　本書の流れ　13
補論　簡単な消費者行動理論　14

2　日本経済の大きさ：GDP の概念　18
2.1　GDP とは何か：GDP の概念　18
2.2　日本の GDP　20
　　　　名目 GDP と実質 GDP　　名目と実質経済成長率
　　　　諸外国との比較
2.3　三面等価の法則　26
　　　　三面等価の法則とはなにか　　支出面から見た GDP と構成比
　　　　投資と資本の関係　　分配面から見た GDP と構成比
　　　　GDP，GNI，その他の概念　　所得の不平等度
　　　　生産面から見た GDP と構成比
2.4　景気循環と GDP　41
　　　　景気循環とは何か　　日本の景気循環
　　　　潜在 GDP と GDP ギャップ

3 GDPの決定理論　　46

3.1 GDPの水準はどのようにして決まるのか……… 46
長期のGDP(潜在GDP)水準の決定:マクロ生産関数の考え方
経済成長モデル:「定常状態」を探る
高度経済成長:「投資が投資をよぶ」

3.2 需要サイドの決定からAD-ASモデルへ……… 50
有効需要の原理　　IS-LM分析　　AD-ASモデル

3.3 GDPはなぜ重要か……… 60

3.4 フローとストックの違い……… 62

補論　貯蓄・消費の決定……… 64

4 インフレーション・デフレーションと失業　　67

4.1 物価水準……… 67
価格と物価の違いとインフレーション・デフレーション
代表的な物価指数　　ラスパイレス指数とパーシェ指数

4.2 インフレーション・デフレーションの問題点……… 72
実質的債務負担の変化による所得再分配
メニューコスト
インフレーション・デフレーションと為替レート
累積的現象としてのインフレーション・デフレーション
インフレーション・デフレーションへの対応

4.3 失　業……… 75
失業とは何か　　失業の何が問題か
フィリップス曲線とベバリッジ曲線

4.4 石油ショックとインフレーション……… 82
ニクソンショック・石油ショックとインフレーション
石油ショック以降の産業構造の転換

4.5 最低賃金の影響……… 84
労働市場の均衡　　最低賃金制度

4.6 労働の不足と過剰……… 88
正規・非正規雇用問題　　労働人口の不足と女性労働

目　次　　　　　　　　　　　　　　　　　　　　　　　　　　vii

5　日本経済における金融の役割　　　　　　　　　　　92

5.1　経済における金融の役割　　92
金融とはなんだろうか　　直接金融と間接金融
金融機関の種類

5.2　銀　　行　　96
銀行の業務　　銀行の種類　　信用金庫など

5.3　証券会社と保険会社　　100
証券会社　　保険会社

5.4　日本の株式市場　　101

5.5　利子率の働き　　103
利子率の役割　　名目金利と実質金利　　利子率と利回り
長期金利と短期金利　　低金利政策のメリット・デメリット

6　貨幣と日本銀行の役割　　　　　　　　　　　　108

6.1　貨幣とは何か　　108
貨幣の3つの機能　　信用創造メカニズム
マネーストック

6.2　日本銀行の役割と金融政策　　112
中央銀行の役割　　貨幣の機能と中央銀行　　金融政策の種類
信用創造メカニズムと金融政策
IS-LM分析と金融政策の効果

6.3　日銀の金融政策について　　119
裁量的金融政策　　時間的非整合性問題

7　バブル経済からアベノミクスまでの金融政策　　124

7.1　バブル経済　　124
資産市場の不安定性　　バブルの形成と崩壊

7.2　平成不況：不良債権問題　　127
不良債権問題と金融機関の破たん　　ゼロ金利政策
量的緩和政策

7.3 リーマンショック・ギリシャ危機と日本の金融政策 ………… 129
  サブプライムローン問題とリーマンショック
  債券市場と格付け会社　　輸出依存型日本経済への影響
  ギリシャ危機
7.4 アベノミクスと日銀の金融政策 ……………………………… 133
  アベノミクスの第1の矢
  フィリップス曲線を用いた量的緩和政策の分析
  マイナス金利政策

8 日本の財政　　136

8.1 日本の財政の現状 ……………………………………………… 136
  一般会計予算の内容　　単年度主義　　補正予算，暫定予算
  特別会計について　　財政投融資　　中央と地方
8.2 経済における公共部門の役割 ………………………………… 143
  資源の再配分　　所得の再分配　　経済の安定化
  主な経済対策
8.3 効率と公平のトレードオフ …………………………………… 149
補論　財政政策の効果について ………………………………… 150

9 日本の社会保障制度　　153

9.1 少子高齢化と社会保障 ………………………………………… 153
  社会保障の目的　　日本の社会保障制度の現状
  社会保障制度を支える財源　　社会保障給付費の内容
  日本の社会保障制度の将来
9.2 日本の年金制度 ………………………………………………… 159
  年金の役割　　積立方式と賦課方式　　年金の種類
  日本における年金の歴史
9.3 国民医療費と医療保険，介護の問題 ………………………… 164
  医療費の問題　　介護保険
9.4 社会保障と税の一体改革：社会保障はどうあるべきか ……… 168
補論　保険の経済学：情報の非対称性 ………………………… 170

目　次　　　　　　　　　　　　　　　　　　　　　　　　　　ix

10　国債と租税　　　　　　　　　　　　　　　　　　　　174

10.1　国債の累増 …………………………………………………… 174
国債発行の問題点　「果たして返せるのか」をめぐる問題

10.2　日本の租税システム ………………………………………… 179
所得税　法人税　消費税　国民負担率
「無駄をなくす」は可能なのだろうか
所得税・消費税課税について注意すべき点

補論1　公債の中立命題 ………………………………………………… 186
補論2　元利均等払いの毎月支払額と公債残高の解消 ……………… 187
補論3　消費者行動理論による消費税の分析：軽減税率の問題 …… 188

11　世界の中の日本経済　　　　　　　　　　　　　　　　190

11.1　日本と世界の関係を見る視点 ……………………………… 190
貿易相手国　国際収支の指標　金融収支ほかについて

11.2　為替レートとマクロ経済政策 ……………………………… 198
様々な為替レート指標　円高，円安が日本経済に与える影響
固定為替相場制と変動為替相場制

11.3　短期の為替レート決定理論 ………………………………… 202
外国為替市場の需要・供給分析
為替レート決定のモデル：IS-LM モデルの拡張
小国開放経済におけるマクロ経済政策の効果：マンデル・フレミング・モデル
大国における財政，金融政策の効果

11.4　長期の為替レート決定理論 ………………………………… 214

11.5　貿易の役割 …………………………………………………… 215
需要・供給曲線図を用いた貿易の利益　リカードの貿易理論

11.6　TPP（環太平洋パートナーシップ協定） ………………… 219
貿易枠組みと国内の利害調整
TPP（環太平洋パートナーシップ協定）
TPP を成功へと導くには

補論　意思決定の流れが結果に与える影響について ……………… 228

参考文献 231

索　引 235

1
本書を読むための準備

　第 1 章では，本書を読むときに必要となる経済学的思考と言うべきものを紹介する。

1.1　経済活動からの利益

　私たちが利用できる「資源」には限りがある。資源というと天然資源のようなイメージが浮かぶであろうが，資源にはモノだけでなく時間も含まれる。我々の人生には限りがあることを考えれば，時間も立派な限りある資源である。このように，あらゆる資源は稀少である。

　資源が稀少であるということは，何もかもが手に入るわけではないことに等しい。すると，個々人のレベルはもちろん，国全体あるいは経済全体を考えても，望ましいものを選ぶという「選択」が重要になる。「選択」は経済問題の基本であり，選択を考えるのが経済学の役目である。

　各個人は，無人島に一人でいる場合でも，社会においても選択の問題に直面する。しかし無人島の場合と異なり社会においては，人々の間で交換を行うことで，交換を行う前に比べより良い状態になることができる（図 1.1）。経済全体の視点からすれば，これは資源の有効活用といえる。

　交換は，交換参加者の状態を，交換前に比べよくすることができる。しかし物々交換では，「自分が余っているモノを相手が欲し，相手の余っているモノを自分が欲する」という欲望の二重の一致が起こらない限り交換が成立し

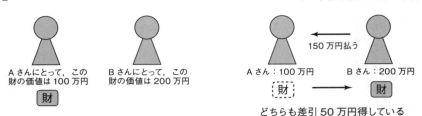

図 1.1　交換が利益を生み出す（余剰を発生させる）

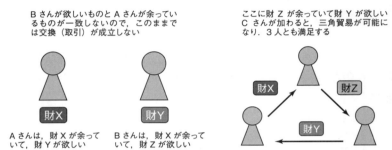

図 1.2　三角貿易

ない。そのとき，両者は交換からの利益を手に入れることができない。しかし図 1.2 にあるような三角貿易が可能であれば，交換の当事者全員が満足できるような交換を成立させることができる。いずれにしろ，交換の可能性が広がることで，人々の満足度はあがる。

「交換」は，現に存在するものについての交換だけでなく，生産と結びつくことで新たな価値を生み出すこともできる。機械や道具と労働が結びつくことで，新しいモノが生まれる。新しいモノが生み出した価値を，機械・道具の所有者と労働を提供した人の間で分配する。

生産との結びつきは，異時点間の資源配分とも結びつく。「いま我慢したことで将来より多くの利益を得られるならば，いま我慢して，我慢した分を相手に貸してもよい」という主体と，「いま借りた分よりも将来（相手が納得する程度）多く返すことになっても，いま借りた方が得になる」という主体が出会えば，両者が利益を得ることができる。このような交換を促進するのは貨幣の役割の 1 つである。

1.1 経済活動からの利益

　同時点，あるいは異時点にわたる交換が活発に行われているということは，それだけ利益を得ている人がたくさんいるということである。逆に，交換が活発に行われていなければ，利益を得ている人が少ないということである。「交換が活発に行われている」状況が好況，「交換が活発に行われていない」状況が不況の時期に対応すると考えてもよい。好況・不況というと，企業の利益や収入，失業などに目が向かうが，根本的には交換が活発に行われ，交換からの利益を得ている人が多いか少ないかと考えてよい。

　交換が当事者双方に利益をもたらす。したがって，交換の活発化は利益を生み出す，などということは一概にはいえない，と批判する向きもあるかもしれない。しかし，それはあくまでも「一方が知っている情報を他方が知らないという情報の偏在(いわゆる情報の非対称性)」が原因で起こる詐欺的な行為によるものや，「思っていたものと違っていた」というような結果論であって，自発的な取引が成立していれば，それは(少なくとも交換に同意した段階では)当事者双方に利益を生むものであるはずである。

　単なる物々交換であれば比較的簡単に双方の合意に至ることができるが，将来の不確実性や情報の非対称性などを含めて交換が複雑化し，むしろ「取引」という言葉を用いるべき状況となる。取引では決めるべきことも多くなり，当事者双方の利益が単純な場合に比べて小さくなったり，合意に至らなかったりすることもある。

　以上，交換や取引からの利益について説明してきた。「何をあたりまえなことを」と思う方もいるかもしれない。しかしながら，ちまたにあふれる議論には，「交換や取引は双方に利益が生まれるのであれば，実行する価値がある」「『一方にしか利益を生まない』ような交換・取引は実行しなければよい」という単純なルールを無視することが多い。典型的な例は「自分よりも相手の方が儲けが大きいからこの取引は不公平だ，実行すべきでない」「この取引は相手が儲けたいだけであって，こちら側の儲けは少ない(マイナスではない！)から，実行すべきでない」という主張は間違っていることが直ちにわかるであろう。相手と自分の利益の大小を比べて取引を行わなければ，相手も自分も利益を得られないことになるからである。親からケーキをもらった兄弟が，取り分を巡って喧嘩して結局親にすべて取り上げられるよりも，多少不

公平であっても兄弟ともにケーキが食べられることのほうがよいであろう。

1.2 経済活動を促進するための貨幣の役割

交換を促進することが余剰を増やし，資源の（ミクロ経済学の意味での）効率的利用につながる。しかし交換が成立するには，当事者の同意が必要である。同意は，当事者双方にとって利益になるものでなければならない。世の中に 2 財しかなければ，「余っているモノを足りないモノと交換する」というプロセスは比較的簡単に実現するであろう。しかし財の数が増えて経済が複雑になると，「欲望の二重の一致」は起こりにくくなる。

物々交換が困難な状況であっても，「余っているモノを財 A に交換し，財 A と足りないものを交換する」ことを可能にするような財 A があれば，交換の可能性は飛躍的に高まる。財 A の役割を果たすのが貨幣である（図 1.3）。

貨幣は，欲望の不一致を調整するだけでなく，時間をまたぐような取引の調整も行う。この点は，金融機関の決済機能と深く関係する。

ほとんどの国々では，貨幣を発行する役割を果たすのは中央銀行である。日本の場合は日本銀行であり，米国ならば FRB（連邦準備制度理事会），欧州連合では ECB（欧州中央銀行）である。中央銀行が貨幣を発行し，政府がその価値を保証する。中央銀行は一応政府から独立の機関とされているが，その独立の程度に関しては国によって，あるいは時代によって異なる。独立性

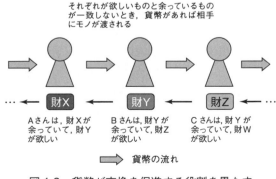

図 1.3 貨幣が交換を促進する役割を果たす

1.2 経済活動を促進するための貨幣の役割

が確保されないと，政府が支出をまかなうために自由に貨幣を発行することとなり，経済を混乱に導くことになるので，経済の安定性を確保するには独立性は不可欠といってよいだろう。

なぜ中央銀行ではなく政府が自由に貨幣を発行してしまうと経済が混乱するのか。それは，貨幣が単に交換を媒介するだけでなく，財の交換「比率」である価格，あるいはそれを経済全体で平均化した物価を定める役割も果たしているからである。後に詳しく説明するが，貨幣発行量と物価は密接な関係をもっている。物価が安定しないと，「将来値上がりするかもしれないから今のうちに買ってしまおう」とか，「将来値下がりするかもしれないからもう少し待とう」というように，本来の必要性からは離れた行動をする。貨幣発行量が安定していればとらなかった行動をとるという意味で経済が混乱するから，中央銀行のきわめて重要な役割の1つは，物価を安定させることである。

貨幣が経済全体でどのような役割を果たしているかを表す図が，図1.4に示す**経済循環図**と呼ばれるものである。この図を見れば，貨幣が血液の役割を果たしていることがよくわかる。

とくに，モノの流れは形を変えていくのに対して，貨幣は貨幣のままで循環する点に注意したい。消費者（家計）から供給された「労働」は，企業を通して「生産物（財）」と形を変える。あるいは，企業から消費者に「生産物

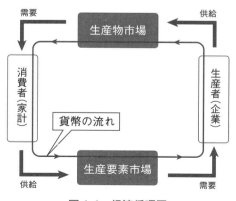

図1.4　経済循環図

(財)」としてわたった後，それは「労働」に形を変えるといってもよい。しかし貨幣は，企業から家計へ，家計から企業へ手渡されるとき，常に貨幣なのである。それはあたかも，人体において血液が栄養分を各器官に渡すと同時に各器官から老廃物を受け取る役割を果たしているのに似ている。

したがって，貨幣の流れが止まることは，モノの流れ(交換)が止まることを意味する。これは経済に危機をもたらす。これが2000年代以降，日本だけでなく先進各国を苦しめているデフレーションという現象である。逆に，貨幣が流れすぎると，交換が過剰となり，インフレーションという現象をもたらす。いずれも，貨幣の役割の一つである交換比率を定める機能を失わせる。

1.3 需要と供給：価格の決定

1.3.1 需要曲線と供給曲線

貨幣を媒介にして行われる取引を考えよう。取引は，財を渡す側(＝貨幣を受け取る側)と財を受け取る側(＝貨幣を渡す側)によって成立する。貨幣を渡して財を受け取ることを**需要**，財を渡して貨幣を受け取ることを**供給**と呼ぶ。通常の財の場合，需要側が消費者，供給側が企業であるが，労働や資本の場合には逆になる。ここではとりあえずある財の市場について考えてみよう。

いま考えている財のそれぞれの価格に対して，買い手である消費者が購入する量を市場全体で集計すると，価格と市場全体の需要量との関係が導ける。それを縦軸に価格，横軸に数量(需要量)をとったグラフで表したもの[1]を，**市場需要曲線**と呼ぶ。個々の消費者の需要量と価格との関係を表す個別需要曲線との違いを強調する場合に市場需要曲線という表現を用いることが多いが，ふつう「需要曲線」と言われたら市場需要曲線のことである。以下

---

[1] 縦軸に価格，横軸に数量をとる。縦軸が独立変数であり，横軸が従属変数である。我々が中学や高校で習った数学では，$y = f(x)$ のグラフを描く場合，独立変数 x を横軸，y を縦軸にとるのが一般的だが，需要・供給曲線図では逆になる。しかし逆になったおかげで，「価格が上がったとき(下がったとき)」をイメージしやすくなる。

1.3 需要と供給：価格の決定

ではとくにことわらない限り，需要曲線という言葉を用いる。

個々の買い手は，所得や他の財の価格など他のすべての条件を一定としたときに，高ければ購入を控えたいし，安ければ買いやすくなるので，通常個々の買い手の行動を表す需要曲線は右下がりである。つまり，「価格が上がると需要量(数量)が減り，価格が下がると需要量(数量)が増える」という関係を表している(図1.5)。

次に売り手(生産者)について考える。いま考えている財のそれぞれの価格に対して，生産者が供給する量を市場全体で集計すると，価格と市場全体の供給量との関係が導ける。それを縦軸に価格，横軸に数量(供給量)をとったグラフで表したものを，**市場供給曲線**と呼ぶ。この場合も，ふつう「**供給曲線**」と言われたら市場供給曲線のことであり，個々の生産者の供給量を表す曲線は個別供給曲線と呼ぶ。需要曲線と同様，以下では供給曲線という言葉を用いる(図1.6)。

個々の売り手としては，高ければさらに儲けるために売ろうとするが，安ければ売る量は少なくなる。その結果，個々の売り手の行動を表す供給曲線は右上がりとなる。つまり，「価格が上がると供給量(数量)が増え，価格が下がると供給量(数量)が減る」という関係を表している。

2つの曲線が交わる点を**市場均衡**と呼び，市場均衡に対応する価格を**市場均衡価格**と呼ぶ(図1.7)。名前はいかめしいが，「売れ残りも不足もなくなる価格」と考えればよい。個々の買い手は，その価格のもとで欲しいと思う量を手に入れることができるし，売り手はその価格のもとで売りたいと思う量

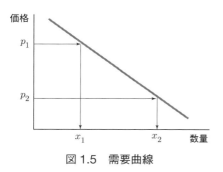

図1.5　需要曲線

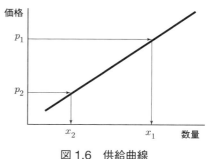

図1.6　供給曲線

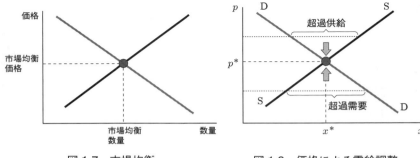

図 1.7　市場均衡　　　　　図 1.8　価格による需給調整

を売っている。価格が市場均衡価格である限り、外的なショックが全く起こらなければ、売れ残りも不足も生じない。

その財の市場において、価格が市場均衡価格を上回ったり下回ったりした場合に何が起こるか。上回る場合には売れ残り(超過供給)が生じているので価格は下がり、逆に下回る場合には不足(超過需要)が生じているので価格は上がる(図 1.8)。価格が自由に変化して超過需要や超過供給を調整することが可能であれば、価格は市場均衡価格に向かい、それによって売れ残りも不足も生じない「需要量 = 供給量」の関係を満たす状態が達成される。

需要曲線や供給曲線がシフトすると、均衡価格は変動する。たとえば需要曲線が左にシフトして価格が下がるという現象が、経済における多くの財で起こると、デフレへとつながることになる(図 1.9)。

経済には「風が吹けば桶屋が儲かる」的な複雑な因果関係、波及効果があるので、このような単純な図ですべてを表現し尽くすのはもちろん無理があ

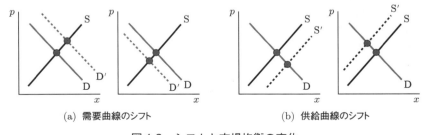

(a) 需要曲線のシフト　　　　　(b) 供給曲線のシフト

図 1.9　シフトと市場均衡の変化

1.3 需要と供給：価格の決定

る。しかし，ある特定の市場に注目し，議論の出発点とするには最も便利な図である。

1.3.2 余剰の配分

ある取引から「両方が利益を得る」と述べた。それは，取引が余剰を発生させるということである。たとえばある財が，AからBに移動したとしよう。Aにとってのその財の価値が100万円，Bにとってのその財の価値を200万円とすると，Aはその財を失うことで100万円の価値を失ったが，Bはその財を手に入れることで200万円の価値を手に入れたことになる。この場合のように，もともと持っていた人にとっての価値を，新たに手に入れる人の価値が上回る場合，この取引によって経済全体では2人の価値の差である100万円が生み出されたことになる。これを余剰と呼ぶ。

一方的にAからBに財が手渡されるだけでは，Aは失うものしかないから，このままではAは納得しない。そこでBがこの財を手に入れるために，BがAにp円払うとする（図1.10）。$p > 200$万であればBにはこの財を手に入れるメリットはない。得られる価値200万円よりもBが支払う価値pのほうが大きいということは，Bにとって失うもののほうが大きいからである（図1.11(a)）。同様に，100万 $> p$ であれば，Aはこの取引に応じることはない。pが200万と100万の間であれば，Bは得られる価値よりも支払う

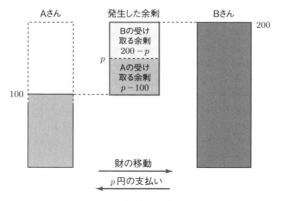

図 1.10 余剰の発生と配分

価値 p のほうが小さいので，この取引に応じるメリットがある（図 1.11 (b)）。また A は，得られる価値 p よりも失う価値のほうが小さいので，この取引に応じるメリットがある。つまり一般に，（手に入れる人にとっての価値）＞ p ＞（手放す人にとっての価値）が成立している限りにおいて，この取引は当事者双方にメリットがある。

p はどのように決まるのか。この p を決める議論の 1 つが 1.3.1 の需要・供給分析である。p が手に入れる人にとっての価値に近い状況（図 1.11(a)）は，この財を手に入れることで利益のある人が多いことを表し，売り手に

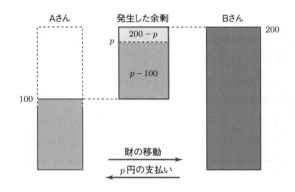

(a) A の受け取る余剰が多い場合

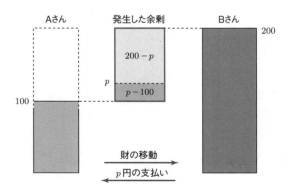

(b) B の受け取る余剰が多い場合

図 1.11

とっての利益が大きくなる。したがって，p と手放す人の価値との差は大きくなる。逆の場合(図 1.11(b))には，買い手(手に入れようとする人)が相対的に少ないので，手に入れようとする人は低い p で手に入れられることとなり，買い手にとっての利益が大きくなる。

p の大きさは，取引が成立したときに発生する経済全体の利益の配分を決定する要素である。p が高いことは，この財から利益を得る人が相対的に多い場合，あるいはこの財を手放そうという人が少ない場合に対応し，p が低いことは，逆にこの財から利益を得る人が相対的に少なかったり，この財を手放そうという人が多かったりする状況である。

資源が稀少であるもとでは，交換が人々の利益を増す，ということはすでに述べた。交換における交換比率が価格である。何らかの理由で価格が低すぎたり高すぎたりするようなことがあれば，それは交換を阻むことにつながる。政府や中央銀行が価格の動向に目を配るのは，交換の促進 = 人々の利益の増加に配慮しているからだと言ってよい。

1.4 経済活動を支える政府の役割

日本経済を考える上では，政府が経済においてどのような役割を果たしているかに関する考察は欠かせない。たとえば，「所有物を盗まれたときに駆け込む場所」である警察がなければ，人々は強盗の不安に怯え続け，自分の身は自分で守らなければならない。そのことに費やす資源は莫大なものとなるだろう。限りある資源がそのようなものに振り向けられていれば，経済が発展することは難しい。

また，様々な対立を仲介する裁判制度，情報の非対称性を緩和する免許制度なども，政府の保証によって成立する。まず基礎的なインフラとも言える部分において，政府の存在は経済にとって不可欠である。

それら以外にも，政府は様々な役割を果たしている。第 1 に，市場メカニズムでは供給できないもの，あるいは供給しすぎてしまうものへの規制・介入である。市場メカニズムは，自発的な取引によって人々に必要なものがほぼ必要な量もたらされるという優れた側面をもっているが，供給が過少に

なったり過剰になったりする問題も含んでいる。一般の道路や公共の施設等は、営利企業が提供することはないだろう。また、規制をかけなければ環境汚染はもっと激しくなるだろうし、独占やカルテルのような問題も発生する。さらに、商品に関する表示規制、免許制度などは、消費者が安心して財を購入するために必要となるものである。市場の長所を生かし**市場の失敗**[2]を補正するためには、政府が介入する必要がある。

　第2は、税や生活保護などを通した所得の再分配である。市場には、自発的な寄付のようなものを除けば、豊かな人から貧しい人へと所得を移転するメカニズムは備わっていない。事故にあった人に所得を移転するようにおカネを出し合っておくという保険のメカニズムであれば民間の保険会社によって供給されるが、生まれながらの能力の差や経済全体に渡すリスクへの備え(これは9章で説明する大数の法則が効かなくなるので、民間の保険会社ではカバーできない)に対しては、政府が所得移転を実施しなければならない。

　第3は、経済の波(景気循環)を抑える働きである。経済は必ずといってよいほど変動を起こす。つまり、好景気と不景気の波を逃れることはできない。この理由については様々な研究がなされているが、天災や戦争などですら変動を引き起こす以上、我々はこの波から逃れることはできないのである。しかしながら、波を放置しておくと、好景気であれば望ましいかもしれないが、不景気が続くような事態になれば国民の生命すら脅かされることにつながるので、この変動をできるだけ平準化する必要がある。残念ながら経済には内在的に不安定性を抱えており、自ら変動を抑える仕組みは備わっていない(むしろ拡大する)ので、政府が様々な手段によってコントロールする必要がある。

　これらの役割を果たすため、政府は財源を必要とする。財源は主に租税または公債発行によって賄われるが、現在の日本が直面している最大の経済問題の1つがこの財源問題である。平成不況と呼ばれる時代を経てつみあがった普通国債の残高は2015年度末で812兆円[3]である。これ以外にも公共部門の借金という意味では借入金や地方債も存在するので、それらを含めた

---

[2] ミクロ経済学のテキストで「市場の失敗」という場合、独占や寡占、カルテルの問題まで含むことは少ないが、ここではそれらも含めて考えることにする。

「国及び地方の長期債務残高」という指標では，2015年度末で1041兆円となり，名目GDPの2倍以上である。また高齢化がさらに進むことを考えると，公債残高が拡大する恐れがある。借金をさけて収入を増やすには，租税体系を組み直す必要があるが，消費税の引き上げなどは景気を悪化させることでより逆に借金を増やす可能性がある。政府によるサービス提供の最適な水準と，それを賄う最適な税との組み合わせについて議論する必要があるだろう。

1.5　本書の流れ

　本書では，日本経済を経済学の視点で眺め理解することを目的とする。経済学の視点とは，交換が利益を生み出すこと，交換を支えるのは貨幣であること，交換比率を決めるのは需要と供給によってきまること，そして経済活動の場である市場で解決できない問題に対しては政府が必要であること，という視点である。

　2章から4章では，GDP，インフレ率，失業率といった一国経済の状況を把握したり比較したりするのにもっとも重要な指標について理解する。5章と6章では金融の側面について，金融市場と中央銀行の役割について解説する。それらの知識をもとに，7章では過去四半世紀の日本経済の歴史を振り返り，金融政策がどのような役割を果たしてきたかについて述べる。8章から11章では，日本の財政をめぐる話題について説明する。少子高齢化が急速に進む我が国においては，予想される社会保障関連支出の拡大と，諸外国と比べても相当な大きさとなっている積み上がった国の借金とをどのように調和させるかが喫緊の課題となっている。その解決策を簡単に提示することはできないが，現状を把握し，問題を理解するための足掛かりを示したい。

　最後に11章では，日本と世界の関係について述べる。とくに11章後半では，近年国論を二分するといってもよいほど議論が行われたTPP（環太平洋パートナーシップ協定）についても解説する。

---

[3] 普通国債とは，建設国債と特例国債に，復興債等を合わせたものである。数字は財務省『日本の財政関係資料（2016年2月）』による。

本書では，学部レベルのミクロ経済学，マクロ経済学の知識を積極的に紹介，利用したいと考えている。本書を読む上で必要な内容についてはある程度紹介するが，説明不足と感じる方はそれらについての専門書[4]を参照していただければ幸いである。

補論　簡単な消費者行動理論

本書では，各個人の経済面での行動や，政策の効果などを考える手段として，入門的なミクロ経済学で出てくる無差別曲線図を用いた消費者行動理論を利用したい。詳細についてはミクロ経済学のテキストを参照して欲しいが，この本を理解するのに最低限必要な内容について紹介する。

1. ミクロ経済学における消費者の目的

ミクロ経済学では，消費者の行動を，「使えるおカネの範囲で選ぶことができる選択肢の中から，満足度を最大化できるようなものを選ぶ」とする。「満足度」を効用，「使えるおカネの範囲」を予算制約と呼び，「予算制約のもとでの効用最大化」が消費者の基本的な問題である。また，このような行動を選ぶ消費者を合理的と考え，伝統的な経済学における中心的な研究対象となっている。

伝統的なアプローチについては，行動経済学が盛んになるにしたがって様々な疑問が投げかけられるようになってはきている。しかしそれらは「伝統的なアプローチで説明できない『部分もある』」を指摘するものであり，すべて根こそぎひっくり返すようなものではないと筆者は考える。

2. 選ぶ範囲 ＝ 予算制約を図で表してみよう

いま，世の中には財が第 1 財と第 2 財の 2 種類しかないと考える。「なんと非現実的な」と思うかもしれない。しかし，ミクロ経済学の最重要キーワードの 1 つである「選択」を考えるには，2 財の世界も 1 億財の世界も基本的な発想は同じであるので，できるだけ簡単な世界で考えるのがよい（1 財では代替ができなくなるので最低 2 財である）。

第 1 財の価格を p_1，第 2 財の価格を p_2 とする。また第 1 財の購入量を x_1，第 2

---

[4] 参考文献一覧を 11 章のあとに載せた。

財の購入量を x_2 とする。購入量はいずれもプラスであるとする。このとき消費者が支払わなければならない支出額 E は

$$E = p_1 x_1 + p_2 x_2$$

と表される。いまお財布にあるおカネ，あるいはもっと一般的にその消費者にとっての支出の上限額を I とすると，予算制約は

$$I \geq E = p_1 x_1 + p_2 x_2 \quad \text{すなわち} \quad I \geq p_1 x_1 + p_2 x_2 \qquad (1)$$

と表せる。これは単に「支出が所得(予算)を超えない」を表しているだけである。

ここで，第1財，第2財に関しては，幅広く解釈することが可能である。

(1) 第1財はリンゴ，第2財はミカン，のような通常の財。
(2) 第1財をいま考えようとする財，第2財を他の財すべて(後者を「合成財」と呼ぶ)。
(3) 第1財は消費すべて，第2財は余暇(時間)とおいて，労働供給の問題を考えるモデルとして扱う。
(4) 第1財を現在の消費，第2財を将来の消費とおいて，貯蓄行動などの異時点間の意思決定を考えるモデルとして扱う。

もちろんそれぞれのケースで，価格に関する解釈が異なる。(1)ではそれぞれの財の価格を単純に考えればよいが，(2)では合成財の「価格」を導入する必要がある。(3)では賃金率(単位時間当たりの賃金)，(4)では利子率を「価格」と考える。

式(1)を，横軸に x_1, 縦軸に x_2 をとったグラフの第1象限部分で表すと，直角三角形になる(図1.12)。この三角形の辺の上と内部が不等号を満たす x_1, x_2, すなわち消費者の選択肢となる。三角形の内部の点を(1)の右辺に代入すると不等号が成立し，等号が成立するのは直角三角形の斜辺の部分である。これを**予算線**と呼ぶ。

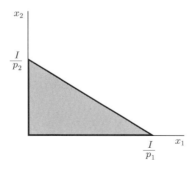

図1.12　予算集合

3. どの点を選ぶかの基準 = 無差別曲線を図で表してみよう

消費者がなんらかの選択をおこなっているということは，選んだ点(組み合わせ)は他の点よりも消費者にとって好ましいことを表している。「ある点よりも別の点の方が好ましい」という消費者の嗜好を，経済学では**選好**と呼び，それに関して様々な議論がある。ここでは話を簡単にするために，各点をどれくらい好むかに関して数字を割り当てることができて，その大小によって好む程度を表せるとする。すなわち，割り当てられた数字の大きい方を消費者は好むと考える。この各点に数字を割り当てるルールを**効用関数**と呼び，$U(x_1, x_2)$で表す[5]。

「関数」などと書くとものものしいが，様々な経済現象を考えるときには，同じ数字が割り当てられる点(すなわち「同じくらい好き」「選べない」を表す点)をx_1-x_2平面で結んだ曲線を使って考える。この曲線を**無差別曲線**と呼ぶ。地図での等高線，天気図の等圧線と同じく，3次元のものを2次元で考えるときに非常に便利な考え方である。

図 1.13 の中にあるそれぞれの曲線上の点は，同じ効用水準を与える消費の組み合わせである。右上の無差別曲線ほど高い効用水準を表していることに注意しよう。

消費者が選択できる点は，図 1.14 に示す直角三角形で表されたものである。直角三角形に含まれるそれぞれの点がそれくらいの効用水準を与えるかについて，無差別曲線図を重ね合わせて調べてみる。すると，無差別曲線が図に描かれたような

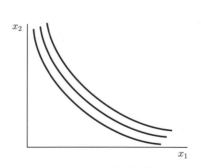

図 1.13　無差別曲線

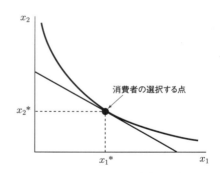

図 1.14　予算線，無差別曲線と消費者の選択

---

[5] 人々の好み(選好)がやや特殊な場合，効用関数が存在しないことが示せる。したがって，効用関数として人々の満足度を表現するのはやや危険であるが，以下では議論を簡単化するため，直観的な理解を助けるために，効用関数の存在を前提に議論を進める。

補論 簡単な消費者行動理論　　　　　　　　　　　　　　　　　　　　17

原点に対して凸の右下がりのものである場合には，ちょうど無差別曲線が予算線と接するようなところがもっとも高い効用を与える（$U(x_1, x_2)$ の値が一番大きくなる）ことがわかる。つまり，この点を消費者は選択するのである。

4. 具 体 例

抽象的な説明ではわかりにくいので，ここで具体例を考えることにする。いま効用関数が $U(x_1, x_2) = x_1 \times x_2$ と表せるとしよう。無差別曲線とは，$x_1 \times x_2 = 1$，$x_1 \times x_2 = 2$，…と様々な $U(x_1, x_2)$ の値（自然数とは限らない）を与える直角双曲線を並べたものである。

いま，$p_1 = 1$，$p_2 = 2$，$I = 24$，すなわち第1財の価格を1，第2財の価格を2，所得を24とおいた場合を考える。消費者は，「$x_1 + 2x_2 = 24$ を満たす x_1, x_2 の中で $U(x_1, x_2) = x_1 \times x_2$ を最大にするものを選択する」のである。

数学の問題としては変数が2個しかないので，$x_1 + 2x_2 = 24$ を代入して放物線の頂点を求める問題と考えれば $x_1 = 12$，$x_2 = 6$ が求まる。

無差別曲線と予算線との関係を図1.15に示す。

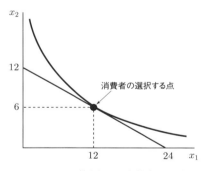

図1.15　具体例での消費者の選択

2 日本経済の大きさ：GDP の概念

この章では，一国経済を測る上でもっとも基本的な指標である GDP をもとに，日本経済の規模や特徴を考える。

2.1 GDP とは何か：GDP の概念

一国の経済の規模をはかる上でもっとも頻繁に用いられるものが，**国内総生産**(Gross Domestic Product，以下 **GDP** と略す)である。GDP とは，「一国で，(通常)一年間に，生み出された付加価値の合計」と定義される。では付加価値とは何か。

付加価値とは，ある生産過程において生産された生産物の価値から中間生産物の価値を差し引いたものである。いまパンを作る過程を考えてみよう。最初に，小麦農家の生産する小麦のパン 1 個分が 50 円であるとする。これ

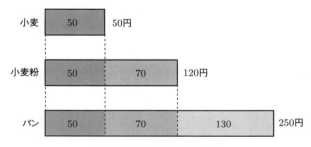

図 2.1 付加価値を表す図

2.1 GDPとは何か：GDPの概念

は，小麦農家が50円分の付加価値を生み出したと考えられる。次にその小麦を用いて製粉業者が小麦粉を作り出したとする。そのとき，50円分の小麦は，製粉業者の手によって120円で売れる小麦粉になったとするならば，製粉業者が50円の小麦に70円の付加価値を与えたことになる。さらにパン屋が，パンを作るための機械と技術によって250円で販売可能な美味しいパンを作れば，パン屋における生産過程によってただの小麦やバターに美味しいパンとしての価値が130円分付け加えられたのである[1]。

GDPは，一年間に生み出された付加価値の合計であるが，付加価値は取引によって生み出される。つまり，売り手と買い手の取引があって価値が生み出されるのである。この点を簡単な等号関係で表すと，

作り手側が生み出した価値(価格) ＝ 誰かがそれを購入した価値(価格)

という関係が成り立つはずである。この関係から，2つのことがわかる。

(1) 生み出された価値を生産面から見たGDPと名付けるならば，それは支出面から見たGDP(誰かの購入)に等しくなっている。
(2) 購入がなければ，価値も生み出されないと見なしてよい。

とくに(2)については，あとで有効需要という考え方，あるいは好況や不況という問題を考える際に重要になる。いくらパンに250円分の価値があるとしても，作っただけではその価値は実現しない。付加価値は，誰かが購入することによって確定する。したがって付加価値の合計であるGDPは，

(1) 取引が活発に行われれば行われるほど，付加価値の合計は多くなる
(2) 皆が「高くても欲しい」と思えるものであれば，その財に関する付加価値が大きくなる

という性格をもっている。(1)は，経済活動が活発になっているとき(いわゆる「景気のよいとき」)はGDPは大きくなり，活発でないときは小さくなる，ということを指している。(2)は，日常用語で用いる「高付加価値商品」の意味と同じである。同じ素材で料理を作ろうとしても，素人が作る料理では原

---

[1] 小麦粉がパンになる際には，様々な原料が加えられる必要がある。それらはパン屋が生み出した付加価値とはいえないが，いまそれはパン屋における付加価値130円に含まれるとする。

材料費に毛が生えた程度しか代金はとれないが，一流の料理人の手にかかればその「技術料」の部分で代金は高くなる。正確に言えば，多くの人が「高い代金を払ってもよい」と考える。これらのことからわかるように，GDPの大きさは経済活動の活発さと一国全体の技術力に依存する。

2.2 日本のGDP

2.2.1 名目GDPと実質GDP

具体的に日本のGDPの推移について示す前に，名目値と実質値の違いについて説明する。

インターネット等で調べればすぐにわかるが，タバコ1箱の値段は50年ほど前に80円だったのが今では400円もする。だからといって，タバコ1箱が50年間で5倍の本数になったわけでもないし，5倍美味しくなったともいえない。タバコに限らず，たいていのものの値段(価格)は，長く時間が経過すると大きく変化する。その点を考慮に入れると，たとえばある年のGDPが200兆円で翌年には400兆円になったからといって，「一国全体で生み出された付加価値が1年間で2倍になった」「取引が2倍になった」「消費者にとって2倍の価値のあるものを生み出せるようになった」と結論づけることは難しい。つまり，GDPの変化を考える際には価格の変化の部分を考慮に入れる必要があるだろう。その点を考慮に入れたのが，**名目GDP**と**実質GDP**の区別である。

名目GDPを計算するには，付加価値を計算する際に必要となる各財の価格について，その年(年度)の価格を用いるのに対して，実質GDPの場合は，付加価値を計算する際に必要となる各財の価格について基準年の価格を用いる，という違いがある[2]。

具体例によって説明しよう。いまミカンとリンゴのみ生産する経済を考える。これらを最終生産物とすると，この経済ではミカンとリンゴの生産額の

---

[2] 実際の実質GDPの計算においては，2004年12月より連鎖方式が導入され，基準年を毎年変更していく方式をとっている。なぜ連鎖方式をとるかについては指数の特性とバイアスの問題が関係するのであるが，その点については第4章で詳述する。

2.2 日本のGDP

表2.1 名目GDPと実質GDPに関する具体例

	ミカン		リンゴ	
	価格(1個)	個数	価格(1個)	個数
2000年	20円	400万個	100円	100万個
2010年	30円	300万個	120円	100万個

合計がGDPとなる。表2.1に2000年と2010年のそれぞれの生産量と価格を示した。

まず名目GDPを計算する。名目GDPは，それぞれの年における価格で生産額を計算すればよいので，

2000年の名目GDP = 20円 × 400万個 + 100円 × 100万個 = 1億8000万円
2010年の名目GDP = 30円 × 300万個 + 120円 × 100万個 = 2億1000万円

となり，名目GDPに関していえばこの経済は2010年のほうが規模が大きく，経済成長が起きているといえる。しかし，2000年を基準とした実質GDPを比較すると，

2000年の実質GDP = 20円 × 400万個 + 100円 × 100万個 = 1億8000万円
2010年の実質GDP = 20円 × 300万個 + 100円 × 100万個 = 1億6000万円

となり，2010年の方が値が小さくなっているので，経済は縮小している。

以上のことを念頭において，名目GDPと，実質GDPの推移について眺めてみよう。図2.2は，1955年以降の日本のGDPをグラフ化したものである。GDPについては，経済の実態をより反映させるために過去に数回大きな改定が行われ基準が変わっているので，単純な時系列比較は難しい。しかし，それらの改定によってその時点での日本経済の状態をより正確に反映していると考えれば，改定が行われていたとしても比較することには意味がある。

名目GDPについては1990年前後をピークにほぼ横ばい，近年では下降しているのに対して，実質GDPは1955年以降ほぼ緩やかに上昇し続けている

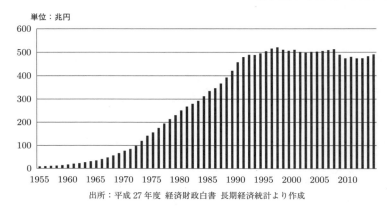

出所：平成 27 年度 経済財政白書 長期経済統計より作成

図 2.2　日本の名目 GDP の推移

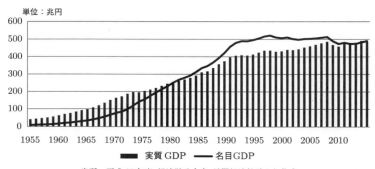

出所：平成 27 年度 経済財政白書 長期経済統計より作成

図 2.3　日本の名目 GDP と実質 GDP の推移

折れ線グラフが名目 GDP，棒グラフが実質 GDP を表す。実質 GDP については，1985 年を名目値と実質値が等しくなる年度として，実質経済成長率を利用して前後の値を計算した。

ことがわかる（図 2.3）。このことだけを観察すれば，経済全体の実質的な規模は拡大しているが，デフレによって財の価格が低下し，名目的な規模は横ばい，減少しているとみることができる。

2.2.2　名目と実質経済成長率

　図 2.2 や 2.3 では，GDP の長期的な増加傾向を見るには十分であるが，短期的な変動がわかりづらい。それを見るには，前年度から次年度への変化

2.2 日本のGDP

率，すなわち GDP 成長率を見ることでより明らかとなる。

図 2.4 に示すように，1970 年までは名目で 15% 前後，実質でほぼ 8 から 10% の成長率を維持していた日本経済は，70 年代後半から 1990 年ごろにかけて名目で 5% 前後，実質で 4% 前後に落ち込む。さらに，1990 年代後半から 2000 年代にかけては，実質で 0 から 2%，実質で 0% 前後となる。

近年，成長率が低下している点については，各年代の平均値を計算し直し

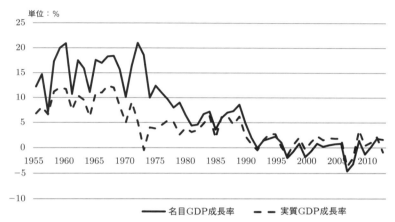

出所：平成 27 年度 経済財政白書 長期経済統計より作成

図 2.4　名目/実質 GDP 成長率

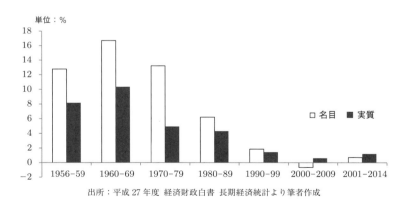

出所：平成 27 年度 経済財政白書 長期経済統計より筆者作成

図 2.5　各年代の平均名目・実質 GDP 成長率

た図 2.5 によって比較することができる。

　10 年ごとの平均成長率を計算すると，名目，実質ともに近年大きく落ち込んでいることがわかる。実質 GDP 成長率の低下は 1970 年代から，名目 GDP 成長率の低下は 80 年代からとずれがあるが，これは 1970 年代に日本経済が 2 度の石油ショックを経験し，「インフレ下の不況」，すなわちスタグフレーションを経験したことを表している。

　GDP は 1 国が 1 年間に生み出した付加価値の大きさであるから，GDP 成長率がプラスであるということは，1 年間に生み出せる名目または実質値ではかった付加価値が拡大していることを意味する。生み出された付加価値を国全体の所得あるいは収入と考えれば，成長率がプラスでしかも大きいということは所得が急速に増加していることに対応する。逆に低い，あるいはマイナスであるということは，所得が変わらない，あるいは減少していることである。1970 年頃までの日本を「高度成長期」，1990 年以降の日本を「失われた 20 年」と表現するのはこのことに由来する。

2.2.3　諸外国との比較

　日本は世界でも有数の経済大国といわれるが，実際にどの程度の規模なのか。主な国の GDP と比較してみよう。

　日本は 1970 年前後に世界第 2 位になって以来，40 年以上アメリカについで 2 位であったが，2010 年に中国に抜かれ第 3 位となった。とくに最近では，中国の GDP は日本の 2 倍近いものとなっている（表 2.2）。

　次に，1 人当たり GDP を比較してみる。日本はほとんど 10 位以下，20 位以下になることも多い。国全体の GDP では圧倒的に 1 位であり続ける米国が，1 人当たり GDP で比較するとあまり高くない（表 2.3）。むしろ平均的に見ればヨーロッパ，とくに北欧諸国の 1 人当たり GDP よりも低い。中国は人口が非常に多いため，1 人当たり GDP では 80 位以下となり，世界平均よりも低い。

　世界各国との比較では，為替レートの影響も受けるので，順位は円高のときに高く，円安のときに低くなりやすい。そこで，円ではかった日本の 1 人当たり GDP の推移を図 2.6 で示す。

2.2 日本のGDP

表 2.2 GDP 上位 10 ヵ国の推移

	1970			1980			1990	
1	アメリカ合衆国	1,075,880.0	1	アメリカ合衆国	2,862,510.0	1	アメリカ合衆国	5,979,580.0
2	旧ソ連	433,412.5	2	日本	1,086,987.9	2	日本	3,103,698.1
3	西ドイツ	215,018.6	3	西ドイツ	946,738.0	3	ドイツ	1,764,943.7
4	日本	209,070.6	4	旧ソ連	940,037.9	4	フランス	1,275,263.0
5	フランス	148,943.4	5	フランス	703,542.0	5	イタリア	1,177,816.0
6	イギリス	129,730.0	6	イギリス	563,300.5	6	イギリス	1,059,572.1
7	イタリア	113,067.3	7	イタリア	475,836.2	7	旧ソ連	778,374.4
8	中国	91,038.8	8	中国	306,520.3	8	カナダ	592,027.6
9	カナダ	87,761.0	9	カナダ	273,433.0	9	ロシア	570,376.7
10	インド	61,470.2	10	スペイン	236,936.2	10	スペイン	546,185.4

	2000			2013	
1	アメリカ合衆国	10,284,780.0	1	アメリカ合衆国	16,768,050.0
2	日本	4,731,198.0	2	中国	9,181,203.8
3	ドイツ	1,947,206.9	3	日本	4,898,532.5
4	イギリス	1,548,591.7	4	ドイツ	3,730,260.3
5	フランス	1,368,434.5	5	フランス	2,806,432.0
6	中国	1,192,836.3	6	イギリス	2,678,454.9
7	イタリア	1,142,213.1	7	ブラジル	2,243,854.4
8	カナダ	739,450.9	8	イタリア	2,149,484.2
9	メキシコ	648,548.6	9	ロシア	2,096,774.2
10	ブラジル	644,728.9	10	インド	1,937,797.0

単位：米百万ドル
出所：United Nations Statistics

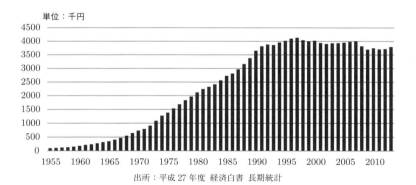

出所：平成 27 年度 経済白書 長期統計

図 2.6　日本の 1 人当たり GDP の推移

表 2.3　1 人当たり GDP 一覧

	1970			1980			1990	
1	モナコ	12,479.7	1	モナコ	51,526.6	1	モナコ	84,289.6
2	アメリカ合衆国	5,247.0	2	アラブ首長国連邦	42,961.8	2	リヒテンシュタイン	49,452.4
3	スウェーデン	4,669.4	3	カタール	34,961.8	3	スイス	38,332.2
4	ルクセンブルク	4,478.7	4	クウェート	20,881.5	4	ルクセンブルク	34,872.1
5	リヒテンシュタイン	4,236.8	5	リヒテンシュタイン	20,669.5	5	スウェーデン	30,162.3
6	カナダ	4,115.7	6	スイス	18,785.0	6	フィンランド	28,380.5
7	クウェート	3,829.4	7	ルクセンブルク	17,225.9	7	アラブ首長国連邦	28,066.1
8	デンマーク	3,422.0	8	スウェーデン	16,856.8	8	ノルウェー	27,731.8
9	オーストラリア	3,298.3	9	サウジアラビア	16,692.4	9	デンマーク	26,861.8
10	…	3,284.4	10	ノルウェー	15,594.8	10	アイスランド	25,675.1
				…		11	日本	25,123.6
21	日本	2,003.6	24	日本	9,307.8			

	2000			2013	
1	モナコ	82,537.4	1	ルクセンブルク	110,697.0
2	リヒテンシュタイン	75,057.9	2	ノルウェー	100,818.5
3	ルクセンブルク	48,826.5	3	カタール	93,714.1
4	スイス	37,813.2	4	スイス	84,815.4
5	ノルウェー	37,472.7	5	オーストラリア	67,458.4
6	日本	37,291.7	6	スウェーデン	60,430.2
7	アメリカ合衆国	36,449.9	7	デンマーク	59,831.7
8	アラブ首長国連邦	34,476.3	8	シンガポール	55,182.5
9	アイスランド	31,819.7	9	アメリカ合衆国	53,042.0
10	デンマーク	30,743.6	10	クウェート	52,197.3
				…	
			23	日本	38,633.7

単位はすべて米ドル
出所：The World Bank Data Site

　1990 年代後半から 2000 年までは伸び続けていたが，その後減少している。最大となったのは 1997 年の約 410 万円であるが，2014 年は約 380 万円である。

2.3　三面等価の法則

　GDP については，(1) 誰かの支出が行われたことによって付加価値として生み出された，(2) 生み出された付加価値は，必ず誰かの所得になっているはず，という 2 つの側面がある。これらをつなげると三面等価の法則と呼ばれる重要な関係がある。その点について解説しよう。

2.3 三面等価の法則

2.3.1 三面等価の法則とはなにか

GDP を以下の 3 つの側面から眺める。

(1) **支出面から見た GDP**：付加価値はどのような支出によって確定・実現したのか
(2) **分配面から見た GDP**：生み出された GDP は，どのような形で配分されたのか。
(3) **生産面から見た GDP**：実際に生み出された付加価値

上の 3 つの視点から見た GDP は，結局等しい大きさとなる。(1) と (2) が等しいということは「誰かの支出は，誰かの所得になっている」といっているのと同じであり，(1) と (3) は，「誰かが買ったモノの価値 = 誰かが作ったモノの価値」という理由で等しくなるし，(3) と (2) は，「生み出された価値は，誰かの元へ，何らかの形で配分される」といっているのと同じである。したがってこれら 3 つは，少なくとも事後的には常に等しくなっているはずである。このことを**三面等価の法則**と呼ぶ。

もちろん，実際には売れ残りなどが発生する。売れ残りは誰も購入しなかったことを意味するから，「付加価値が実現した」という GDP の考え方とは合わない。しかしそれについては，「売れなかったモノは自分で買った」という在庫投資として処理する。そのために，これら 3 つは等しくなっている。

2.3.2 支出面から見た GDP と構成比

生み出された付加価値が GDP として計上されるのは，誰かの支出が行われたからである。つまり，生産面から見た GDP は，支出面から見た GDP と等しくなっていなければならない。そこで，GDP がどのような支出によって生み出されているかについて分類してみよう。

表 2.4 にある各項目の値については，内閣府のホームページにある国民経済計算のデータによって知ることができる。

民間最終消費支出は，我々消費者が最終的に食べたり飲んだり，あるいはサービスを受け取ることで何らかの満足を得る部分を指す。あとに示す簡単なマクロ経済モデルにおける「消費」の項目は，この部分に対応している。

政府最終消費支出は，公的部門が供給し実際に消費するのが消費者である

表 2.4 支出面から見た GDP の分類

国内総支出 489,623.4	民間最終消費支出 293,216.6	家計最終消費支出 286,142.3	国内家計最終消費支出	286,142.3
			居住者家計の海外での直接購入	1,682.1
			（控除）非居住者家計の国内での直接購入	1,967.6
		対家計民間非営利団体最終消費支出		7,074.3
	政府最終消費支出			100,954.0
	総資本形成 106,797.8	総固定資本形成		106,515.4
		在庫品増加		282.4
	財貨・サービスの純輸出 −11,345.0	財貨・サービスの輸出		88,350.5
		（控除）財貨・サービスの輸入		99,695.5

出所：国民経済計算　数字は 2014 年度，単位：10 億円

ような，様々な公的サービスを指している。警察，国防，義務教育などへの支出がこれに含まれる。

　総資本形成は，いわゆる「投資」である。投資とは，端的に言えば「将来の消費のために支出する部分」である[3]。個人のレベルでは消費せずに取っておく部分は「貯蓄」となるが，それが誰かの手に渡り（もちろん貯蓄した人への報酬を払ってであるが），将来の生産に貢献するのであれば，それは経済全体で見ると単なる貯蓄ではなく投資になる。

　投資それぞれの項目の大きさをまとめると表 2.5 となる。総資本形成は，総固定資本形成と在庫品増加の 2 つに分けられるが，99％以上を占めるのは総固定資本形成である。これには，生産要素となる資本やインフラ，住宅投資が含まれる。総固定資本形成の 60％以上を占めるのが民間による企業設備投資であり，続いて公的部門による投資である。これには政府が発注したインフラ投資等が含まれる。マクロ経済学における「投資」は民間部門の総資本形成が対応し，公的部門の総資本形成は政府支出に含まれる。

　海外との取引を表すのが財貨・サービスの純輸出である。海外からの国内の生産物に対する需要，すなわち輸出と，民間部門や公的部門の支出のうち，

---

[3] 投資と資本の関係については 2.4 節で述べる。マクロ経済モデルの中での役割については 3 章で述べる。

2.3 三面等価の法則

表 2.5　総資本形成の各項目

総資本形成 (106,797.8)	総固定資本形成 (106,515.4)	民間	住宅 企業設備	14,437.6 68,411.4
		公的	住宅 企業 一般政府	816.8 5,787.6 17,062.1
	在庫品増加 (282.4)	民間企業	製品在庫 仕掛品在庫 原材料在庫 流通在庫	267.6 −112.2 466.2 −435.8
		公的	公的企業 一般政府	13.9 82.6

出所：国民経済計算　数字は 2014 年度の実数。単位：10 億円

国内でなく海外の生産物に対する支出，すなわち輸入がある。民間部門と公的部門の海外の生産物に対する支出を輸入としてまとめると，実際に国内の生産物に対する支出は，以下の式で表すことができる。

$$国内総支出 = 消費 + 投資 + 政府支出 + 輸出 - 輸入$$

　図 2.2 より，1990 年前後から名目 GDP はまったくといってよいほど増加していないことがわかるが，図 2.7 より民間最終消費支出については，それに若干遅れて 90 年代後半から 300 兆円をやや下回る水準でほとんど変化がないことがわかる。これに対して民間部門の資本形成については，1990 年代後半以降減少傾向が見られる。政府支出（政府最終消費支出と総資本形成における公的部問の合計）については 1990 年代半ばまで増加傾向にあったが，ここ 20 年ほどは 120 兆円前後である。また純輸出については，全体から見るとほとんど影響のない水準で推移しているが，2010 年以降純輸出はマイナスで推移している。

　構成比については，国内総支出の中で最大の項目は民間最終消費支出であり，図 2.8 に示すように，現在では約 60％となっている。この割合は 1980 年代半ばには 50％台半ばであったのに対して，近年増加傾向が見られる。つまり，GDP がほとんど成長しない中で，民間最終消費支出のみ増加傾向にあるといえる。民間投資については 1980 年後半から 1990 年代初めにかけての

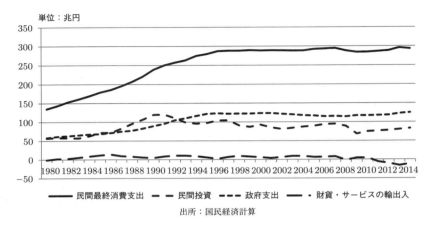

図 2.7　各項目の時系列データ

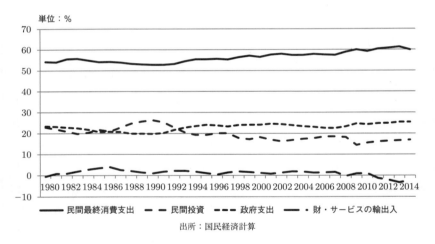

図 2.8　各項目の構成比

バブル経済の時期に一時盛り上がりを見せたが，近年は 20％を切る水準である．政府支出は，25％前後である．

　民間投資の割合が低下し，消費の割合が高まっていることは，経済の成長に資本の増加が欠かせないことを考えれば，将来の日本経済にとっての不安要素であろう．

2.3 三面等価の法則

2.3.3 投資と資本の関係

日常生活でも，「投資」という言葉は「株式投資」「投資ファンド」「教育投資」など様々な場面で用いられる。消費者としての立場であれば「資」金を何かに「投」入することを指す場合が多いが，経済学では「資本の増加分」が投資である。したがって，実物的な資本の増加も投資であり，設備投資などがそれにあたる。

資本とは「過去から現在までの生産物のうち，将来の生産のために消費せずに残してきたものの蓄積」である。つまり，2016年時点での蓄積が資本であるから，資本はストック変数なのであり，また各年にどれだけ蓄積したか（資本に付け加えたか）を表す大きさがフロー変数である投資である。

投資や資本を考えるときには，「将来の生産物の獲得のために残しておく」あるいは「消費以外の目的に支出する」という点が重要である。企業が売り上げのうち，賃金や配当金として分けてしまうのではなく，将来の生産能力増加のために機械設備を購入するのは投資である。そのような投資を繰り返すことで，現在の工場設備全体が形成されているのであれば，それ全体を指して資本となる。

なぜ投資を行い，資本を蓄積するかといえば，それによって，将来時点で今よりも大きな生産物を獲得するためである。農家が消費を我慢してためたコメを市場で売ることで得た収入を，新たな機械の購入にあてれば，来年，より多い収穫が見込めるかもしれない。これが，投資を行い，資本を蓄積する動機となる。資本は，実物的には将来の生産を増やすための機械設備，建物を指し，金融面では株や債券，預金などの様々な金融商品を指す。個人のレベルで考えれば，後者は将来の消費を増やすためのものである[4]。

図2.9は，ストックである資本とフローである投資の関係を見るために，国民経済計算「期末貸借対照表勘定」にある非金融資産→生産資産→有形・無形固定資産の合計を棒グラフで，同じく「資本調達勘定」から純固定資本形成→有形・無形固定資産の合計を折れ線グラフで示したものである。棒グ

---

[4] 大学に行くことで支払わなければならない学費などは「教育投資」と言える。教育投資は，人的資本を増加させる投資である。人的資本とは，それがなかった場合に比べて将来豊かに暮らすための生産要素となる。

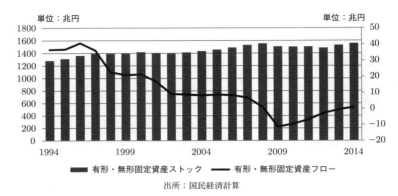

図 2.9 有形・無形固定資産ストック

ラフがストックである資本にあたり，折れ線グラフがフローである投資に対応する。

棒グラフの単位は左側，折れ線グラフの単位は右側に示した。どちらも単位は兆円であるが，桁が異なることからもストックとフローの違いが理解できるだろう。また，1996年をピークに投資が減り続け，2008年のリーマンショックの翌年の2009年から2013年まではマイナスを経験していることがわかる。マイナスの時期はあるとはいえ，2009年以降マイナス幅は縮小し，2014年になってプラスに転じている。

資本を理解するうえで，**固定資本減耗**についても注意が必要である[5]。固定資本減耗とは，時間の経過等通常予測できる理由で資本の価値が失われたときの，その大きさを指す。会計用語でいえば減価償却である。どんな機械設備であっても，老朽化や，またパソコンなどの機械であれば技術進歩とともに価値が失われるために，実質的に資本は減少する。一定期間に行われる投資は，新しく資本を増やすためだけでなく，そのようにして失われた資本を補てんするという目的でも行われる。言い換えれば，全く投資を行わなければ，資本はしだいに減少していくのである。

---

[5] あとの図2.13を見れば，その大きさがわかるだろう。

2.3.4 分配面から見たGDPと構成比

以上，国内総支出とGDPの関係を見てきたが，支出は当然収入(所得)があってはじめて行われる。また生み出された付加価値(GDP)は，支出される前に，いったん誰かの所得となることを考えると，それらが誰にどのような形で分配されるかを考えることが必要である。

単なる付加価値の分配という観点から，以下の関係が成立している。

$$GDP = 雇用者報酬 + 営業余剰・混合所得 + 固定資本減耗 + (間接税 - 補助金)$$

生み出された付加価値のうち，労働力への分配が**雇用者報酬**に対応する。残りの大部分に対応する**営業余剰・混合所得**は，資本の所有者への分配である(図2.10)。それは，株式の配当や借入金に対する利子支払のような形をとる。

国内総生産のうち企業の受け取り分にあたる営業余剰について，企業とそれ以外(個人株主等)との間で配分が行われたあとの国民所得の構成比を表すものを以下に示す。

(1) 雇用者報酬(69.3%)
(2) 財産所得(6.9%)
(3) 企業所得(23.9%)

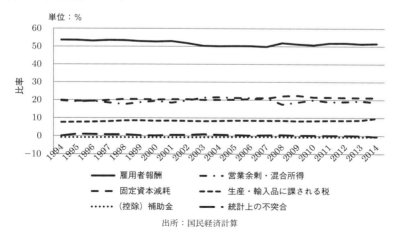

出所：国民経済計算

図2.10 分配面から見たGDPの構成比の推移

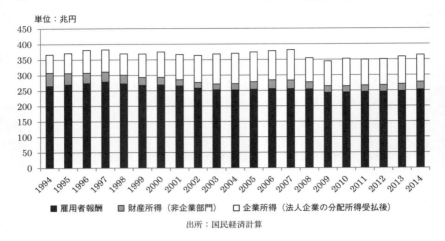

図 2.11　国民所得(要素費用表示)の推移

　構成比は 2014 年の数字である。雇用者報酬は，労働者が受け取る賃金の総額を指している。財産所得は，利子や配当など，労働所得以外に受け取る報酬である。企業所得は，営業余剰に企業の財産所得の受け取りを加え，そこから財産所得の支払いを差し引いたものである。つまり，上で営業余剰・

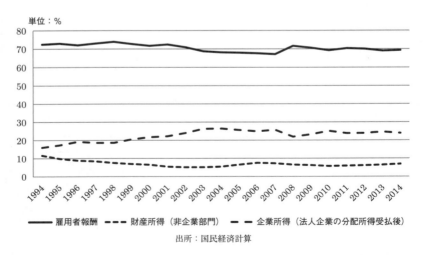

図 2.12　国民所得(要素費用表示)構成比の推移(1994-2014)

2.3 三面等価の法則

混合所得としてまとめられていたものを，企業受け取り分と非企業（個人等）受け取り分に整理したものであると考えればよい。これら3つの合計を要素費用表示の国民所得と呼ぶ。いわゆる国民所得とは，**国民所得（要素費用表示）** を指す。雇用者報酬は250兆円前後，財産所得は20兆円から多いときで40兆円，企業所得が60から80兆円である（図2.11）。

図2.12に示すように，1994年以降の構成比は，雇用者報酬がほぼ7割前後，企業所得が2割前後，財産所得が1割を切る程度で推移している。過去20年くらいの推移をみると，企業所得の割合が増え，財産所得の割合が減っていることに特徴があると言える。

2.3.5 GDP, GNI, その他の概念

1993年までは，一国経済の規模をはかるものとしては**国民総生産**（Gross National Product, **GNP**）が重要とされていた。たとえば日本の場合，日本人が海外で経済活動を行って得た所得をGNPは含み（GDPには含まれない），逆に外国人が日本で得た所得はGNPには含まれない（GDPには含まれる）。「日本の経済の状況は」と言われれば，GNPよりもむしろGDPのほうがより正確に反映する指標と考えられ，GDPが用いられるようになった。

現在では，GNPという概念すら国民経済計算にはなく，それに対応するものとして**国民総所得**（Gross National Income, **GNI**）という概念がある。GDPとGNIの間には，前のGDPとGNPの間と同様，

$$\text{GNI（国民総所得）} = \text{GDP（国内総生産）} + \text{海外からの所得の純受取}$$

という関係が成立している。このGNIから，固定資本減耗を差し引いたものが市場価格表示の国民所得，さらに純間接税（間接税 − 補助金）を差し引いたものが要素費用表示の国民所得となる。したがって，要素費用表示の国民所得は

$$\text{国民所得（要素費用表示）} = \text{雇用者報酬} + \text{営業余剰・混合所得}$$
$$+ \text{海外からの所得の純受取}$$

となる。これがいわゆる国民所得である。

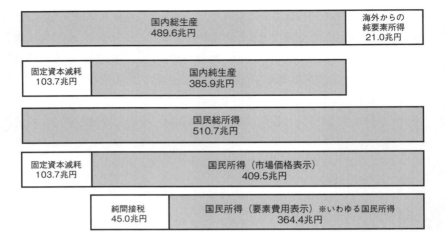

数字は 2014 年度名目値。統計上の不都合や四捨五入によって，合計が合わないことがある。
出所：数字は内閣府国民経済計算確報。図は釣(2014)を参考にした。

図 2.13　GDP と GNI の概念図

2.3.3 で考えた分配面から見た GDP で出てきた概念も合わせたものを図 2.13 にまとめた。

GDP にも GNI にも表れる「総(gross)」とは何か。いずれの場合も，固定資本減耗を含むのが「総」であり，含まないのが「純」である。支出として実際に行われた投資に注目したい場合には「総」を考える。これに対して経済全体の資本増加を考える場合には，固定資本減耗を差し引いた **NDP**(Net Domestic Product, 国内純生産)や **NNI**(国内純所得)の概念を考える。

2.3.6　所得の不平等度

所得がどのように分布しているか，言い換えればどれだけ偏りがあるかを示す指標として，ジニ係数という概念がある。ジニ係数はローレンツ曲線をもとに計算されるものであるので，ローレンツ曲線を先に説明する。

ローレンツ曲線とは，人口比率と所得の占める比率との関係を表すものである。いま，国内に N 人いたとする(子ども等は含まない)。それらを所得の低い順から並べ，番号付けをする。つまり，1 番が一番所得の少ない人で，N 番がもっとも所得の多い人となるように並べる。所得が同じ人がいても

2.3 三面等価の法則

かまわないが，話を簡単にするためにすべての人の所得が異なるとする．したがって，それぞれの人の所得を Y_i とすると $(i=1,2,\cdots,N)$，$Y_1 < Y_2 < \cdots < Y_N$ である．

ここで，横軸に i/N，縦軸にそれに対応する

$$\sum_{k=1}^{i} Y_k \Big/ \sum_{k=1}^{N} Y_k$$

をとる．つまり，横軸に人数の占める割合である i/N，縦軸に i 番目までの人の所得が全体に占める割合をとる．横軸は規則的に $1/N$ ずつ増加していくのに対して，縦軸のほうは例えば i 番目から $i+1$ 番目への増加分は

$$Y_{i+1} \Big/ \sum_{k=1}^{N} Y_k$$

であるから，その大きさは $i+1$ 番目の人の大きさに依存し，規則的に増加するとは限らない．しかし，所得の小さい方から並べたことを考えると，下に凸の曲線として描かれることだけは明らかである．

簡単な例を使ってローレンツ曲線を示してみよう．いま5人の個人からなる経済を考える．それぞれの所得は，表2.6のように4通りであるとする．

表 2.6 所得分配の例

	個人1	個人2	個人3	個人4	個人5	合計
完全平等	20	20	20	20	20	100
若干の差	16	18	20	22	24	100
最上位が50%	5	10	15	20	50	100
最上位が80%	5	5	5	5	80	100

この例をもとに，4通りのローレンツ曲線を描いたのが図2.14である．所得が上位者に集中するほど，すなわちこの例では経済全体と所得（国民所得）を1人の個人が8割も手に入れてしまうような場合がもっとも下に膨らんだ曲線となる．言い換えれば，対角線である完全平等のケースの直線と，ローレンツ曲線とでできるレンズ型の図形の面積は，不平等度が高まるほど大きくなるのである．

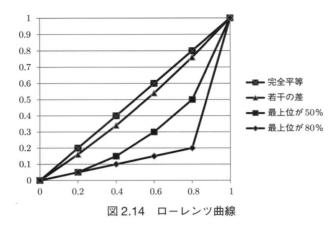

図 2.14　ローレンツ曲線

この面積の大きさを，対角線と横軸，さらに横軸上の1を通る縦に垂直な直線とで囲まれる直角二等辺三角形の面積で除したものをジニ係数と呼ぶ。完全平等のケースではローレンツ曲線が対角線に一致するのでゼロとなり，1に近いほど不平等である（面積が大きくなる）。ここで「不平等」とは，高所得者と低所得者の間の格差が大きく分布に偏りがあることを表している。

日本と主な国のジニ係数を比較したのが表2.7である。日本は米国やロシアなどに比べればジニ係数が小さい（平等度が高い）といえるが，ヨーロッパ諸国に比べると大きいことがわかる。

表 2.7　日本と主な国のジニ係数

国名	ドイツ	フランス	英国	日本	ロシア	米国
年	2011	2011	2011	2011	2010	2012
ジニ係数	0.29	0.31	0.34	0.34	0.40	0.39

出所：OECD調べ，ジニ係数は課税，補助金後の可処分所得

図2.15に示すように，2002年（平成14年）以降の傾向を見ると，当初所得（所得再分配前の所得）でのジニ係数は年々上昇傾向にある。しかしそれは，社会保障給付や税金などによる再分配によってかなり改善している。

所得の不平等は，年齢が進むにしたがって大きくなると考えられる。どのような職業につくか，あるいは同じ会社でも出世するかどうかによって生じ

2.3 三面等価の法則

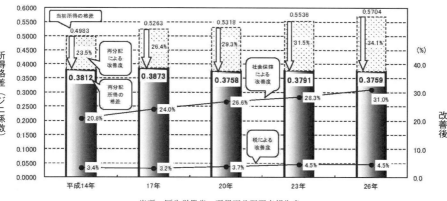

出所：厚生労働省　所得再分配調査報告書

図 2.15　日本のジニ係数の推移

た差が年を経るにしたがって累積していくからである。したがって，年齢階層別に見た場合，ジニ係数は高齢者層ほど大きくなると考えられる高齢社会の進む日本では，ジニ係数が拡大傾向にある。

2.3.7　生産面から見た GDP と構成比

GDP を眺める上で，そもそもどのような産業部門で GDP が生み出されたかを見ておくことは，日本経済の産業構造を知る上で重要である。

総務省統計局によると，産業 3 部門に含まれる産業大分類は次のとおりである。

(1) 第 1 次産業：「農業」，「林業」，「漁業」
(2) 第 2 次産業：「鉱業」，「建設業」，「製造業」
(3) 第 3 次産業：前記以外の産業

内閣府国民経済計算によると，2014 年度の産業別 GDP は，第 3 次産業が 70％以上，第 2 次産業が 25％程度を占め，第 1 次産業は 1 ケタのパーセンテージである。この傾向は，産業別就業者数においても同様の傾向が見られる[6]。

---

[6] 総務省統計局「労働力調査」2014 年度

産業別 GDP については，1960 年頃は，第 1 次産業が 13％程度，第 2 次が 42％，第 3 次が 48％程度であったが，1970 年になると早くも第 3 次産業部門が 50％を超え，第 1 次産業が 10％を切るようになる（図 2.16）。その後，第 3 次の拡大，第 1 次，第 2 次の縮小傾向は続き，2010 年には，第 1 次産業の GDP は 1％程であり，第 3 次産業が 70％を超えている。約 50 年ほどで，第 1 次産業の割合が急速に低下し，第 3 次産業の割合が高まっていることがわかる。第 3 次産業が比較的合理化の難しい産業であることから，高度経済成

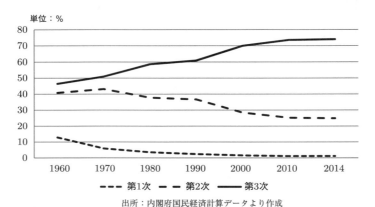

図 2.16　産業別 GDP 割合の推移

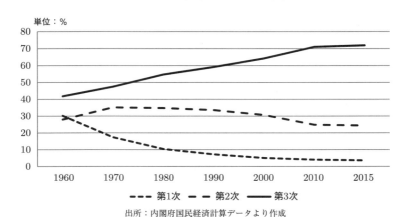

図 2.17　産業別就業者数割合の推移

長から低成長期へと移行した日本経済の動きとも一致する。

同じ期間の産業別就業者数を比較すると，産業別 GDP と同様の傾向を示している（図 2.17）。産業別 GDP と比べると，第 1 次産業の割合の落ち込み方が激しい。

2.4 景気循環と GDP

2.4.1 景気循環とは何か

雇用が増え，人々の所得が増加傾向にある時期を好景気，反対に雇用が減少し，人々の所得が減少傾向にある時期を不景気と呼ぶならば，好景気と不景気を繰り返すという意味で景気は循環する（図 2.18）。近いところで言えば，1980 年代後半のバブル経済の時期には，あたかもこのまま日本は好景気が続くかのように思われていたが，結局 1990 年代に入って「失われた 20 年」と呼ばれる時代を経験することとなった。

なぜ景気が循環するかについては，古くから様々な研究がなされており，必ずしも一つの理由で生じるとは考えられていない。経済学では古くから 3 つの循環を考える。

(1) **チキンの波**（在庫循環）　約 40 ヵ月の周期
(2) **ジュグラーの波**（設備投資循環）　約 10 年の周期
(3) **コンドラチェフの波**（技術革新による循環）　約 50 年の周期

(3) についてはあまりにも長期にわたるために観察することが難しいので，(1)，(2) に注目すると，とくに (2) に関しては景気の大きな変動要因と考えられる。

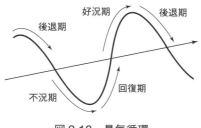

図 2.18　景気循環

設備投資には，市場メカニズムになんらかの均衡へと向かう動きは存在しないといってよい。価格調整メカニズムのように，「売れ残りが発生すれば値段が下がり，不足が生じていれば値段が上がる」のような価格による調整によって過不足が解消されるといったメカニズムは残念ながら存在しないのである。景気がよくなれば，それによってさらなる投資が行われて景気は過熱し，逆に不景気では投資が抑制されてさらに景気は悪化する。きわめて不安定な状態にあるのが景気の動きである。この点を制御するために，政府は様々な金融政策や財政政策を実施するが，タイミングを誤ってさらに景気の変動を引き起こす場合や，効果がなくて単にインフレや財政赤字を残しただけという場合もある。

　(1)の在庫循環については，短期の調整局面でよく現れる。「在庫」というと「売れ残り」としてよいイメージはないかもしれないが，企業は機会損失を避けるために適切な在庫を蓄積しておく必要があるため，図2.19の②のように，景気拡大局面でも在庫投資が増加になることはある。もちろん③のように景気低迷期に在庫が積み上がり，それを調整する④の局面に陥ることもある。

　GDPでは在庫投資も投資の1つであり，GDP成長率を見るときに，景気回復局面で「意図せざる在庫投資のマイナス曲面（回復により在庫が減る曲

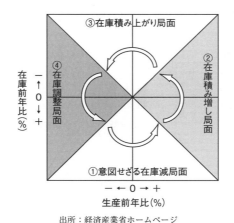

出所：経済産業省ホームページ

図2.19　在庫循環

面)」もあり得るのである。

2.4.2 日本の景気循環

日本では，景気動向指数研究会の議論をふまえ，内閣府経済社会総合研究所長が景気循環日付を設定する。それを一覧にしたのが表 2.8 である。

これらの循環の中で「拡張期」が「好景気」の期間にあたる。とくに第 3 循環は神武景気，第 4 循環は岩戸景気，そして第 6 循環がいざなぎ景気にあたり，1950 年代から 1960 年代の高度経済成長時代を象徴するものである。

昭和から平成をまたぐ第 11 循環はバブル景気の頃である。いわゆるバブルの崩壊は 1991 年頃と言われ，その後日本は失われた 20 年と呼ばれる時代に入ったが，景気循環という意味ではその時代にも拡張期は存在し，とくに第 14 循環にあたる小泉政権の時代からリーマンショックのあたりまではいざなみ景気と呼ばれる，高度経済成長期をしのぐ拡張期である。

毎月の景気判断を行う際には，いわゆる先行指数・一致指数・遅行指数を利用している(表 2.9)。

表 2.8 景気循環

循環	谷 (年.月)	山 (年.月)	谷 (年.月)	期間			(参考)四半期基準日付	
				拡張 (カ月)	後退 (カ月)	全循環 (カ月)	山 (年.月)	谷 (年.月)
第 1 循環		1951. 6	1951.10		4		1951. 4-6	1951.10-12
第 2 循環	1951.10	1954. 1	1954.11	27	10	37	1954. 1-3	1954.10-12
第 3 循環	1954.11	1957. 6	1958. 6	31	12	43	1957. 4-6	1958. 4-6
第 4 循環	1958. 6	1961.12	1962.10	42	10	52	1961.10-12	1962.10-12
第 5 循環	1962.10	1964.10	1965.10	24	12	36	1964.10-12	1965.10-12
第 6 循環	1965.10	1970. 7	1971.12	57	17	74	1970. 7-9	1971.10-12
第 7 循環	1971.12	1973.11	1975. 3	23	16	39	1973.10-12	1975. 1-3
第 8 循環	1975. 3	1977. 1	1977.10	22	9	31	1977. 1-3	1977.10-12
第 9 循環	1977.10	1980. 2	1983. 2	28	36	64	1980. 1-3	1983. 1-3
第 10 循環	1983. 2	1985. 6	1986.11	28	17	45	1985. 4-6	1986.10-12
第 11 循環	1986.11	1991. 2	1993.10	51	32	83	1991. 1-3	1993.10-12
第 12 循環	1993.10	1997. 5	1999. 1	43	20	63	1997. 4-6	1999. 1-3
第 13 循環	1999. 1	2000.11	2002. 1	22	14	36	2000.10-12	2002. 1-3
第 14 循環	2002. 1	2008. 2	2009. 3	73	13	86	2008. 1-3	2009. 1-3
第 15 循環	2009. 3	2012. 3	2012.11	36	8	44	2012. 1-3	2012.10-12

出所：内閣府「景気循環日付」

表 2.9　先行・一致・遅行一覧表（景気動向指数第 11 次改定）

一致系列	先行系列	遅行系列
1　生産指数（鉱工業）	1　最終需要財在庫率指数（逆）	1　第 3 次産業活動指数（対事業所サービス業）
2　鉱工業用生産財出荷指数	2　鉱工業用生産財在庫率指数（逆）	2　常用雇用指数（調査産業計）（前年同月比）
3　耐久消費財出荷指数	3　新規求人数（除学卒）	3　実質法人企業設備投資（全産業）
4　所定外労働時間指数（調査産業計）	4　実質機械受注（製造業）	4　家計消費支出（勤労者世帯，名目）（前年同月比）
5　投資財出荷指数（除輸送機械）	5　新設住宅着工床面積	5　法人税収入
6　商業販売額（小売業）（前年同月比）	6　消費者態度指数	6　完全失業率（逆）
7　商業販売額（卸売業）（前年同月比）	7　日経商品指数（42 種総合）	7　きまって支給する給与（製造業，名目）
8　営業利益（全産業）	8　マネーストック（M2）（前年同月比）	8　消費者物価指数（生鮮食品を除く総合）
9　中小企業出荷指数（製造業）	9　東証株価指数	9　最終需要財在庫指数
10　有効求人倍率（除学卒）	10　投資環境指数（製造業）	
	11　中小企業売上げ見通しDI	

※（逆）とは逆サイクル系列
出所：内閣府景気動向指数研究会 2015 年 7 月 24 日公表資料

　先行・一致・遅行それぞれ文字通り景気循環に先行して，景気循環と一致して，さらに景気循環に遅れて動くといわれるものである．つまり，有効求人倍率が上昇し始めればそろそろ景気回復が望めるという予想が立ったり，東証株価指数が下がれば，いずれ完全失業率も上昇するであろう，という予想が立つのである．

2.4.3　潜在 GDP と GDP ギャップ

　我々の「景気」についての実感には，現実の GDP 水準と潜在 GDP の差が関わっている．潜在 GDP とは，経済の過去のトレンドからみて平均的な水準で生産要素を投入した時に実現可能な GDP のことである．これをもとに，GDP ギャップと呼ばれる指標が

2.4 景気循環とGDP

$$\text{GDPギャップ}(\%) = [(\text{実際のGDP} - \text{潜在GDP})/\text{潜在GDP}] \times 100$$

という式で計算される[7]。これについては，日本では内閣府が，また海外の様々な機関から公表されている。それぞれ潜在GDPの定義や推計方法に若干の差異があるため必ずしも一致するものではない。ここでは米国やドイツと比較するために，OECD Economic Outlookのものを紹介する（図2.20）。

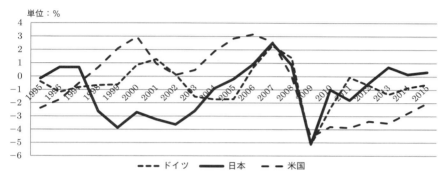

出所：OECD Economic Outlook

図2.20 潜在GDPギャップ（Output gap）

1990年代後半から2000年代初頭にかけて，主要国では日本がとくにマイナスのギャップが大きかったといえる。また，いずれの国も2008年から2009年にかけて大きく落ち込んでいるが，これはいうまでもなくリーマンショックの影響である。このグラフを見る限り，現在リーマンショックから最も立ち直っているといえるのは日本であり，とくに米国のギャップが依然として大きいといえる。

---

[7] 潜在GDPを具体的にどのように計算するか。内閣府における潜在GDPの推計は生産関数アプローチと呼ばれる代表的な手法によっている。まず，以下のように資本投入，労働投入，全要素生産性の3変数から生産が行われるというコブ＝ダグラス型関数を想定する。

$$Y = A \cdot (KS)^{\alpha} \cdot (LH)^{1-\alpha}$$

ここで，Y：GDP，A：全要素生産性，K：資本ストック，S：稼働率，L：労働者数，H：労働時間，α：資本分配率，である。

SNAや鉱工業指数，労働力調査等の統計を用い，各生産要素のトレンドを取るなどして潜在資本投入，潜在労働投入を推計し，また全要素生産性については，実際の資本投入および労働投入から上記生産関数により求められる生産量と，実際の生産量との残渣を時系列的にならした値として推計する。資本分配率のパラメータを決定した上で，潜在資本投入，潜在労働投入，全要素生産性の3つの変数を関数に代入すれば潜在GDPが計算できる。（野村彰宏(2009)「GDPギャップの概念について」『ESP '09夏』より）

3
GDP の決定理論

　GDP は経済の基本的な指標であるために，従来よりその大きさの決定に関してはマクロ経済学の分野で膨大な研究蓄積がある。ここではその基本的な内容について紹介する。

3.1　GDP の水準はどのようにして決まるのか

　前章の終わりに，GDP ギャップという概念について紹介した。それは，「効率的に」資源が利用できたときに達成できるはずと考えられる潜在的な GDP と実際の GDP との差に基づく指標である[1]。この章では，潜在 GDP を価格メカニズムの調整によって均衡状態に達したときと矛盾しない，すなわち非自発的な失業や遊休設備が存在しない GDP と考える。理論的には長期の GDP がこれにあたる。

　これに対して，価格による調整の働かないような期間（これを短期と呼ぶ）では，資本設備や労働が十分に利用されない状態が起こり得る。そのとき，GDP は支出サイド（いわゆる有効需要）によって決まると考えられる。GDP

---

[1]「効率的に」という曖昧な表現を用いるのは，潜在的 GDP については一般的な定義がないからである。2003 年日本銀行調査局「GDP ギャップと潜在成長率」では，「現存する経済構造のもとで資本や労働が最大限に利用された場合に達成できると考えられる経済活動水準」とあるが，その他では「インフレもデフレも生じない GDP」というものもある。前者の定義に依拠すると GDP ギャップはゼロかマイナスしかとらなくなるが，あとで用いる図ではプラスになることも考慮に入れ，ここでは後者，すなわち需給バランスのとれている状態をイメージしていると考えて欲しい。

3.1 GDP の水準はどのようにして決まるのか

の実現には誰かが支出を行わなければならない。実現した支出は誰かの所得となることに等しく，所得の一定割合が消費として用いられたり，またすぐには使われなくても（直接，間接の）投資として将来の生産を増加させるために用いられる「支出」につながったりする。

GDP 水準の決定を考える際には，長期と短期を区別する視点が欠かせない。以下，長・短それぞれについて簡単に概観する。

3.1.1 長期の GDP（潜在 GDP）水準の決定：マクロ生産関数の考え方

長期の場合，資本ストックの大きさ K と労働力 L は完全に利用されている（完全雇用状態にある）と考える。したがって，一国において生み出すことのできる付加価値の合計である GDP の水準は，与えられた技術を表す関数 F に資本 K と労働力 L を代入することによって求められる。すなわ，GDP を Y とおいて，

$$Y = F(K, L) \qquad (1)$$

と表すことができる。これがいわゆるマクロ生産関数と呼ばれるものである。もう少し具体的には，技術の水準を表す A やなんらかのパラメータ α, β を導入して，

$$Y = A \times K^\alpha \times L^\beta \qquad (2)$$

といったコブ＝ダグラス（Cobb＝Douglas）型生産関数とよばれる形をしていると仮定することも多い。このようにマクロ生産関数を具体的に表すことで，様々な経済現象の理論的，実証的な分析を行うことができる。

例えば，式（2）の各変数が時間 t に依存する $Y(t) = A(t) \times K(t)^\alpha \times L(t)^\beta$ として，両辺の対数をとって t で微分すれば，

$$\frac{\dot{Y}(t)}{Y(t)} = \frac{\dot{A}(t)}{A(t)} + \alpha \times \frac{\dot{K}(t)}{K(t)} + \beta \times \frac{\dot{L}(t)}{L}$$

となるが，これは

潜在 GDP 成長率 ＝ A の成長率 ＋ $\alpha \times K$ の成長率 ＋ $\beta \times L$ の成長率

という興味深い関係を導くことができる。

潜在 GDP の定義には様々なものがあると 2 章の終わりに述べたが，多くの場合この種のモデルに実際のデータを当てはめて分析する．実際のデータで考える場合には，何をもって資本とするのか（機械とするか設備とするか，「人的資本」という考え方すらある），労働力は人数で測るのか労働時間で測るのかなど複雑な問題を考えなければならない．とりあえずイメージをつかんでもらうために，簡単な変数を用いるとする．

3.1.2　経済成長モデル：「定常状態」を探る

現在の日本では，人口減少が経済に対してどのようなインパクトを与えるかについて様々な議論がなされている．この点についてもマクロ経済学の簡単なモデルが教えてくれることがあるので紹介しておこう．

基本的な関係は，「貯蓄 ＝ 投資」の関係式である．つまり，次期以降の生産に貢献するための投資を確保するためには，現在の期においてなんらかの貯蓄を行わなければならない．言い換えれば，全部食べつくしてしまっては，次期以降の種もみはなくなってしまう．

いま，今期の生産の中の一定割合 s を貯蓄とすると仮定する（$0 < s < 1$）．すると，生産量が $Y = F(K, L)$ だから，貯蓄は $sF(K, L)$ となる[2]．これと投資が等しくなるわけだが，投資は資本ストックの変化である $\dot{K}$ であることに注意すると，$sF(K, L) = \dot{K}$ が，経済成長に関する基本的な関係である．

労働力人口の成長率が経済に対してどのような影響を与えるかについて考えるために，いま労働 L の成長率を n とする．すなわち，$\dot{L}/L = n$ である．またさらに，生産関数は 1 次同次の性質をもつとする．労働 1 単位あたりの GDP 水準を小文字の $y = Y/L$，労働 1 単位あたりの資本の水準をとすると，生産関数の両辺を L で割ることで $y = F(k, 1)$ が得られる．いまこれを $F(k, 1) = f(k)$ とおく．

ここで，対数微分の考え方を使って，$k = K/L$ の両辺を時間で微分してみよう．すると，

$$\frac{\dot{k}}{k} = \frac{\dot{K}}{K} - \frac{\dot{L}}{L}$$

---

[2] Y, K, L は時間 t に依存するが，以下 t の表記を省略する．

3.1 GDP の水準はどのようにして決まるのか　　49

の関係が得られる。$sF(K,L) = \dot{K}$, $k = K/L$, $F(k,1) = f(k)$ の関係を用いれば，この式から

$$\dot{k} = sf(k) - nk$$

の関係が得られる。定常状態とは，1人あたり資本が一定となる状態である。すなわち，左辺がゼロとなるときだから，$sf(k) = nk$ を満たす k が定常状態における1人当たり資本の大きさということになる。$f(k)$ にいくつかの仮定をおけば，この k は n が大きいときほど小さくなることがわかる。「人口成長が経済の停滞をもたらす」とは逆の結論を得ることになる。

この結論の理由は，結局1人当たり資本に注目している点にある。L が n の率で増えているにも関わらず1人当たり資本が一定であるということは，当然資本は成長している。すなわち，経済自体は拡大している。しかし1人当たりでみると，経済は縮小している。

3.1.3　高度経済成長：「投資が投資をよぶ」

以上のマクロ生産関数をもとに，日本の1950年代から1960年代におけるいわゆる高度経済成長について眺めることにしよう[3]。

高度成長が達成されるには，需要と供給の両方の成長が必要になる。いくら生産能力が拡大したとしても，供給過剰となれば付加価値の実現にはつながらず，GDP は縮小していくことになる。反対に需要が豊富であったとしても，それを支える供給能力がなければ経済成長にはつながらない。

最初に需要面をとりあげよう。まず，高度成長期に起こった農村部から都市部への人口流入である。これは，後に述べる供給面でもプラスに作用したが，需要面ではこれによって世帯数の増加につながり，電化製品などの耐久消費財を中心とする様々な財への旺盛な需要を生み出すことになった。消費財レベルの需要増であっても，それを生産するためには機械設備が必要となるので，設備投資が活発化することとなり，さらにその機械を生産するための設備投資が必要となる，といった「投資が投資をよぶ」状況が生み出され

---

[3] 以下の記述については，丸山(2013)，浅子他(2015)，金森・大守(2013)を参考にした。

た．もちろん新しい設備，工場によって雇用も生まれるので，新たな労働者がまた需要を生み，それが設備投資へとつながるといった好循環を生み出した．

また海外との関係では，当時は 1 ドル 360 円という固定された為替レートであり，設定された当初はまだしも高度経済成長の途中では明らかに円安傾向であり，輸出が促進された．

以上の点について，マクロ生産関数 $Y = F(K, L)$ を通して考察してみよう．まず資本の面では，旺盛な設備投資意欲により資本が蓄積され，生産能力の向上，GDP の上昇につながった．またもう一つの変数である労働については，農村から都市部に労働力が流入し，新たな産業の支えとなった．また単に人数の増加というだけでなく，教育水準の向上が労働の「質」を高め，実質的な労働力の増加につながったことも成長の要因としてあげられるだろう．

供給面を考える際には，中身の変数だけでなく，生産関数の形状，すなわち技術進歩についても見逃すことはできない．高度成長期は，まだ日本は海外から新しい生産技術を取り入れ，安価で質の高い労働力によって輸出するというキャッチアップ型経済であった．新たな生産技術と実質的な労働力の増加，また資本設備の増加によって，日本の高度成長は支えられた．

設備投資を支えた貯蓄についても，貯蓄率が高く，その貯蓄が資本取引の規制によって(生産サイドを重視した)低金利のもとでも海外に流出することがなかったので，国内投資へと振り向けることができた点も挙げることができる．また当時は主流であった日本的経営といわれる終身雇用・年功序列賃金制度が消費者にとって将来の見通しの明るさを持たせ，消費や住宅購入という点で現在とは異なる積極的な行動をとらせていた．

3.2 需要サイドの決定から AD–AS モデルへ

3.2.1 有効需要の原理

今までの議論は，その時点で利用可能な資本設備と労働力をもとに測られた GDP であるから，潜在 GDP に対応するものといってよい．しかし潜在

3.2 需要サイドの決定から AD-AS モデルへ

GDP を説明した際に述べたように，実際の GDP と潜在 GDP は通常は異なる。価格メカニズムがうまく働かない等の理由によって生産要素である資本や労働がすべて利用されるとは限らない。その場合，実際の GDP は潜在 GDP を下回ることとなる。では実際の GDP はどのようにして決まるのか。

その答えは「支出サイド（需要サイド）で決まる」ということになるが，三面等価の法則で述べた通り，支出は外から決まるものではなく，支出それ自体も GDP（正確には国民可処分所得）に決まることを考えれば，ここでそのメカニズムについて考えておく必要があるだろう。

いま支出を E とおくと，

$$E = C + I + G + X - M$$

という関係が成立する。ここで C は消費，I は投資，G は政府支出，X は輸出，M は輸入を表すとする。三面等価の法則のうち，生産面から見た GDP と支出面から見た GDP が等しいという関係は，

$$Y = C + I + G + X - M$$

である。これは在庫投資を考えれば事後的には常に成立しているという点については，三面等価の法則のところで説明した。

しかし企業はいつまでも必要以上の在庫投資，すなわち「とにかく生産して自ら購入」などという行為を続けられるわけがない。ここでは，在庫投資のような手段によって事後的に成立する関係ではなく，「意図された支出」として実現する GDP を知りたい。

輸出入をゼロと仮定した簡単なモデルでその点を確認しよう。ここで，消費が GDP（Y）と租税（T）の差である可処分所得 $Y - T$ に依存して決まると仮定する。GDP は三面等価の法則より，家計の所得として分配されると考えられるから，減価償却を無視すれば（税引き前の）国民所得とみなせる。可処分所得とは，税引き後の所得のことをいう。所得税では所得の大きさに依存して租税の大きさは決まるが，とりあえず簡単化のために外生的な変数とみなす。

「消費が所得に依存する」という点を，簡単な 1 次関数

$$C(Y) = a + b(Y - T)$$

で表現する。この関数を消費関数と呼ぶ。a, b はパラメータであり，a を**基礎消費**，b を**限界消費性向**と呼ぶ。基礎消費とは，たとえ収入がゼロであったとしても生きていくうえで(あるいは人間らしい生活をするうえで)どうしても必要となる支出の大きさを表す。限界消費性向は，式からも明らかなように，「可処分所得が1単位増えたときに，消費がどれだけ増えるか」を表す大きさである。これは，ゼロと1の間の大きさであると考えられる。なぜなら，所得が増えたときに消費額が全く変化しないこともめったにないであろうし，逆に所得の増分以上を消費に回すことも考えられないからである[4]。

支出面と生産面が等しくなる関係に消費関数を代入すると，

$$Y = C(Y) + I + G = a + b(Y - T) + I + G$$

となる。これを満たす Y を Y^* とすると，

$$Y^* = \frac{a - bT + I + G}{1 - b}$$

となる。これがいわゆる均衡 GDP と呼ばれるものである。このように支出(需要)の大きさによって GDP が決定する考え方を**有効需要の原理**という。これについては，マクロ経済学でよく知られた45度線図によって図示することができる(図3.1)。

あきらかに，a, b を一定として T, I, G が変化すると，均衡 GDP である Y^* も変化する。I, G の増加は均衡 GDP の増加へとつながり(減少は逆)，租税の増加は均衡 GDP の減少をもたらす。図3.1では，投資が I_1 から I_2 に増加したとき，均衡 GDP が Y_1^* から Y_2^* に増加している。

この点については，**乗数モデル**と呼ばれる考え方によって理解しやすい。いま，1単位の投資の増加があったとする。これは支出の増加であるから，その支出を受け取った誰かの所得を増やす，その結果所得が増加した消費者は消費を増やすが，経済全体では消費支出が b 単位増えることとなる(限界

---

[4] 消費を所得に依存する関数と見なせば，限界消費性向とは $C(Y)$ を Y で微分した値である。「限界」は経済学では通常微分に対応する概念である。

3.2 需要サイドの決定から AD-AS モデルへ

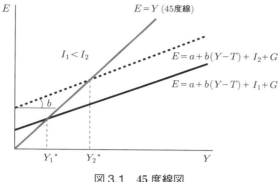

図 3.1 45 度線図

消費性向の大きさに注意)。増えた消費支出は誰かの所得となり,そこでまた誰かの消費支出を増やすが,前と同様に経済全体では b^2 単位増やすこととなる。これが無限に繰り返されると考えると,1 単位の投資の増加は結局,

$$1 + b + b^2 + b^3 + \cdots = \frac{1}{1-b} > 1 \quad (0 < b < 1 \text{に注意})$$

すなわち 1 単位以上の支出 = GDP の増加へとつながることとなる[5]。いまの説明は I が 1 単位増えたときとして説明したが,もちろん一般の大きさである ΔI 単位増えたときも同様に考えることができて,その場合には $\Delta I/(1-b)$ 増加する。

投資の増加だけでなく,政府支出 G の増加でも同じように考えることができる。すなわち,もし政府支出が ΔG 単位増加したのであれば,GDP 水準は $\Delta G/(1-b)$ 増加する。これを利用して,政府が政府支出を調整することで景気をコントロールする(できる)と考えるのが,ケインズ経済学にもとづく裁量政策の考え方である。

次に増税の効果について考えてみよう。1 単位の増税は,可処分所得を 1 単位減らすから,経済全体で支出を b だけ減らす。経済全体で支出が減っているから受け取る所得も減るので,さらに支出が b^2 減る。これを前と同様

---

[5] 数学的には,$0 < b < 1$ のときに左辺の無限級数の和が右辺に収束するということはよく知られた結果である。経済学ではそれが,「人々の様々な『つながり』の結果が右辺の 1 つの乗数としてまとめられる」という点が非常に興味深い。

に繰り返すと，1単位の増税が

$$-b - b^2 - b^3 - \cdots = -\frac{b}{1-b}$$

という大きさの GDP の減少へとつながることがわかる。これの絶対値の大きさが 1 より大きくなるかどうかは b が 0.5 より大きいかどうかに依存するが，いずれにしろ増税は GDP に対してマイナスのインパクトを与える。このことは，2014 年 4 月 1 日の消費税増税の際に，2014 年度第 1 四半期(4 月から 6 月)が大変な落ち込みを示したことからもあきらかである。

さらに，今度は b の値に注目することにしよう。1 単位の投資や政府支出の増加が GDP に与えるインパクトは，b が 1 に近ければ近いほど大きくなる。これは，b が「所得増加分のうち，支出に回す割合」という点を考えれば明らかである。逆にもし b が非常に小さな値であれば，それは「所得の増加分を支出に回さない」といっているのと同じであり，支出増加の連鎖がすぐに止まることを意味するから，景気引き上げの効果は小さくなる。このことは，たとえば東日本大震災直後に自粛ムードが盛り上がって消費が落ち込みそうになったときに，「むしろおカネを使うことが景気を良くし，復興への助けとなる」といわれたことに対応する。また将来への不安から貯蓄に人々が励むようになると，かえって均衡 GDP は低下し，その結果貯蓄がさらに減るという**貯蓄のパラドクス**(節約のパラドクス)と古くからいわれている現象にも対応している。

図 3.1 によって求められる均衡 GDP が，潜在 GDP，あるいは完全雇用 GDP と等しくなるとは限らない。不況期であれば景気刺激策として政府支出 G を増加させたり租税 T を引き下げたりする(減税を行う)ことによって均衡 GDP を増加させることが政府の目標となるだろう。しかしこの点については，果たして政府のどこまでそれが可能なのかという理論的あるいは実証的な問題がある。また現在の日本が直面しているような財政赤字のもとで政府支出の増加や減税が可能なのかという指摘もある。

3.2 需要サイドの決定から AD-AS モデルへ 55

3.2.2 IS-LM 分析
投資関数の導入

乗数モデルでは，利子率の役割について明示的に考えなかった。しかし利子率は経済に対して大きな影響を与える。ここでは(設備)投資 I が利子率に依存して決まる点に焦点を絞り，**投資関数**

$$I = I(r)$$

として表現する[6]。ここで投資は利子率 r の減少関数，すなわち利子率が上昇すると投資は減るという関係にあるとする。設備投資を行う企業は，利子率が低ければ低いほど資金を借りやすくなるので，投資を増やすと考えられるからである。

前節で一定とした投資を投資関数で置き換えると，

$$Y = C(Y) + I + G = a + b(Y - T) + I(r) + G$$

となる。この式の中で G, T は政府が決める外生変数，Y, r がモデルの中で決まる内生変数である。

財市場と貨幣市場の同時均衡

生産面の GDP と支出面の GDP を等しくさせる GDP は，利子率が導入されたことにより，GDP と利子率を決定するモデルとして考えることができるようになった。つまり，上の式を満たす Y, r の組合せが，均衡 GDP と利子率を表すのである。この式は財市場の均衡を表す式であり，Y-r 平面にそれを描いたものを **IS 曲線** と呼ぶ[7]。

第 1 章で経済循環の図を用いて説明したように，経済の血液となるのは貨幣である。貨幣の量と経済活動の水準には密接な関係がある。経済活動が活発になれば人々は取引のための貨幣を欲するし，逆は逆である。また貨幣には利子がつかないが債券には利子がつくことを考えると，「貨幣をどれだけ

---
[6] I は，英語で投資を表す investment の略である。
[7] S は，英語で貯蓄を表す saving の略である。政府部門を無視すれば，財市場の均衡とは「投資 = 貯蓄」に対応するからである。

保有するか」の意思決定には利子率が影響を与える。貨幣の需給を決める式を，

$$\frac{M}{P} = L_1(Y) + L_2(r)$$

と表す。左辺は経済全体の貨幣供給量，P は物価水準，L_1 は貨幣需要のうち，取引に必要となる貨幣需要を表す**取引動機**に基づく貨幣需要，L_2 は**投機的動機**に基づく貨幣需要をそれぞれ表している。本来貨幣需要を表す式には名目利子率が入るが，ここでは物価水準を一定とするため，上の式と同じく実質利子率を入れてある。これを貨幣市場均衡式と呼び，この式を満たす Y, r の組合せを Y-r 平面に描いたものを **LM 曲線**と呼ぶ。

IS 曲線と LM 曲線を Y-r 平面に描いたのが図 3.2 である。この交点は，財市場と貨幣市場を同時に均衡させる GDP と (実質) 利子率の組合せを表す。前項では，利子率を一定 (外生的に決まるもの) とおいて均衡 GDP を求めたが，ここでは利子率も同時に決まる。

GDP が完全雇用均衡水準以下にあり，物価水準の変動を考慮に入れる必要がない場合の経済の均衡は，図 3.2 によって求めることができる。不況下 (完全雇用均衡水準以下) の経済の状態や後で考える政策効果などを考えるには非常に便利である。この図を用いてそれらを考える分析を，**IS-LM 分析**と呼ぶ。

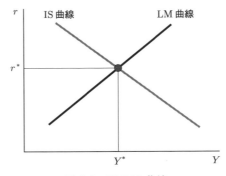

図 3.2　IS-LM 曲線

3.2.3 AD-AS モデル[8]

IS-LM 分析で得られる均衡状態は，ある与えられた物価水準のもとでの均衡状態である。後に財政・金融政策の影響について IS-LM 分析を使って考えるが，その場合も物価水準は一定として考える。

しかし，近年の世界経済において，もっとも深刻な問題の1つとなっているデフレ（デフレーション）について考えるには，物価水準がどのように決まるかについても考えられるモデルが必要となるのはあきらかであろう。そこで，GDP と物価水準の関係を描く総需要（aggrgate demand, AD）-総供給（aggrgate supply, AS）モデルについて紹介する。

一般的な AD-AS モデルでは，総需要曲線と総供給曲線がそれぞれ図 3.3 のように描かれる。第1章で考えたある財の市場需要曲線と市場供給曲線に形は似ている。しかしその意味は全く違うといってよい。

市場需要曲線は個々の消費者の効用最大化行動（第1章「補論」）によって得られる個別需要曲線を市場全体で集計したものであり，市場供給曲線は個々の企業の利潤最大化行動によって得られる個別供給曲線を市場全体で集計したものである。これに対して総需要曲線，総供給曲線は以下のように求められる。

まず総需要曲線は，経済全体の総需要水準を決める IS-LM 分析をベース

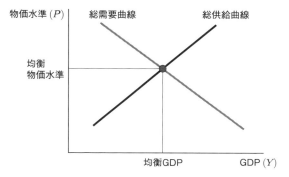

図 3.3 総需要・総供給曲線

---

[8] この項はマンキュー（2011）を参考にした。

にして考える．IS-LM 曲線図における均衡 GDP は，与えられた物価水準 P のもとで決まるものであるから，貨幣市場均衡式の左辺にあらわれる実質貨幣供給量を決める物価水準の大きさが変化すれば，均衡 GDP も変化する．その関係を表したものが総需要曲線である（図 3.4, 3.5）．

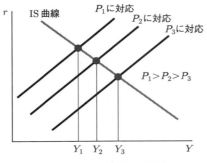

図 3.4　総需要曲線の導出　　　　　図 3.5　総需要曲線

直観的には，物価水準の下落は実質貨幣供給量を増やし，その結果貨幣市場において超過供給をもたらすので，それに応じた利子率の下落とそれによる投資の増加，あるいは取引量の増加をもたらすというメカニズムで GDP が増えることとなる．

次に供給側を考える．供給側とは，長期のモデルで考えたマクロ生産関数 $Y = F(K, L)$ によって特徴づけられる．AD-AS モデルで考えるのは，資本ストック K が固定的であるような（しかし物価水準の変動は許す）短期の状況を考える．そのとき，生産量の上限を画すのは雇用量である．

IS-LM 分析で考えているのは，総需要が不足しており，与えられた賃金水準（下限に張り付いているような状況）で労働者を雇える範囲で供給がまかなえる状況といってよい．このとき，均衡 GDP は物価水準の変化をともなうことなく増加・減少する（図 3.6）．

ここで，すでに労働市場は完全雇用状態であり，GDP がこれ以上増やせない上限にあるとしよう．すると，総需要・総供給曲線は図 3.7 のように表せる．Y^F とは，完全雇用に対応する GDP 水準を指す．このようなケースでは，総需要曲線を右側にシフトさせるようなショックは，均衡 GDP 水準を

3.2 需要サイドの決定から AD-AS モデルへ

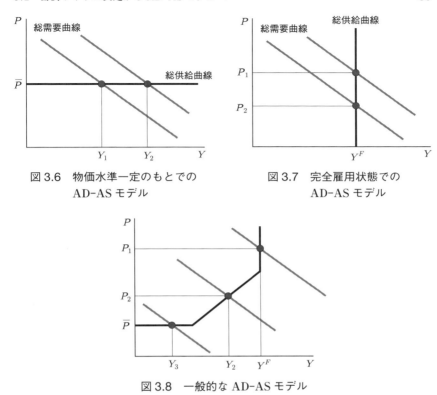

図 3.6 物価水準一定のもとでの AD-AS モデル

図 3.7 完全雇用状態での AD-AS モデル

図 3.8 一般的な AD-AS モデル

引き上げることなく，すべて物価水準の上昇として吸収されることとなる。

いずれも両極端なケースであり，通常はその中間である図 3.8 となるであろう。では，総供給曲線が右上がりであるとはどういうことか。

すでに述べたとおり，総供給量はここで考えている場合は労働者の雇用量で決まる。経済学的には雇用量は，追加的な雇用の生み出す収入増が，そのような雇用の増加による費用の増加と等しくなるところで決まると考える。収入増は労働投入量が増えるにしたがって低下すると仮定すると[9]，実質賃

---

[9] 単一企業の視点では，生産設備などが固定されていると，労働者を雇う量を増やしたときに増やせる生産量は次第に減っていくということを表している。しかし産業単位で考えれば，生産性の高い労働者から雇用されると考えれば，追加的に雇用される労働者の生産性は，もともといた労働者の数が増えれば増えるほど低下するということを仮定しているに等しい。この仮定は，多くの場合に当てはまるのではないだろうか。

金が低下すればするほど雇用量は増え，生産量 Y も増える．右上がりの総供給曲線はそのような状況を表している[10]．

このようにして総需要曲線と総供給曲線は導かれ，物価水準も決定される．両極端なケースも組み合わせた総供給曲線も合わせると，図3.8のようになる．

GDPの水準がかなり低いところで均衡している場合，なんらかの経済政策によって総需要曲線を右にシフトさせると，物価上昇を伴うことなく均衡 GDP を引き上げることができる．これに対して Y_2 のようなところでは物価上昇を伴うこととなり，さらに Y^F では GDP の増加はなく物価上昇だけが引き起こされることとなる．

ここでの分析は短期的なものであり，また将来に対する予測は入っていない．たとえば投資が単純に利子率だけに依存するとは考えにくい．いくら利子率が低かったとしても，将来景気がよくなり収入が増え，借金を返せる当てがなければ企業は投資を行わないだろうし，また銀行が貸すこともない．ここでの分析は確かに単純なものであるが，総需要の不足が物価水準の低迷につながったり，景気の過熱が物価の上昇（インフレ）につながる，あるいは生産能力の低下（総供給曲線の左側シフト）が物価上昇につながるなど，様々な示唆をこのモデルから得ることができる．

3.3 GDP はなぜ重要か

経済指標には様々なものがあるが，一国の経済状態を表すもっとも重要な指標が GDP であると筆者は考える．それは，一国経済の状態を知る上で，GDP がきわめてすぐれた指標となると考えられるからである．

GDP を「一国が1年間に生み出す所得の大きさ」と考えれば，それを人口で割った1人当たり GDP は，その国の1人当たりの平均所得と考えられる．したがって，（もちろん物価水準などを考慮に入れる必要があるが）その国に住む人々の平均的な生活水準をとらえることができる．生活水準あるいは厚

---

[10] 労働市場については第4章参照．

3.3 GDP はなぜ重要か

生水準という点で言えば，定評ある経済学の入門書[11]では，「識字率と1人当たり GDP に正の相関があること」「乳幼児死亡率と1人当たり GDP に負の相関があること」が紹介されている（図 3.9）。とくに開発途上国では，1人当

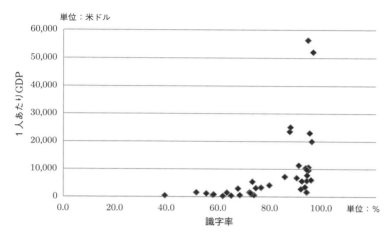

図 3.9 識字率と 1 人当たり GDP との関係
出所：総務省統計局「世界の統計」。アジア，中南米，アフリカ諸国を中心とした識字率と 1 人当たり GDP との関係を散布図にした。各データは国によって 2005 年のものから 2012 年まで異なっている。

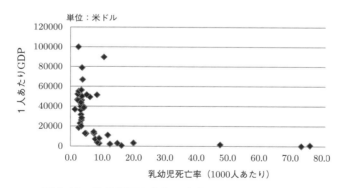

図 3.10 乳幼児死亡率と 1 人当たり GDP との関係
出所：総務省統計局「世界の統計」。OECD 加盟国を含むデータである。国によってデータの年次は異なっているが，ほとんどが 2010 年から 2012 年である。

---

[11] スティグリッツ他(2012)。

たり GDP の大きさを政策目標とすることに意味があるだろう (図 3.10)。

1 人当たり GDP だけでなく，国の GDP に注目した場合には別の議論ができる。大規模な建設工事や科学技術などの国家的なプロジェクトを考えた場合，そもそも国全体で負担する能力があるかどうかを GDP によってみることができる。たとえば中国は，人口が多いために 1 人当たりの GDP は小さい。しかし世界第 2 位の GDP を利用して，宇宙開発や軍備の充実を目指すことができる。

日本は，GDP は世界第 3 位であるが，1 人当たり GDP となると 10 位から 25 位の間くらいとなる。日本のような高齢化社会を迎える国では，「国全体でお年寄りを支える能力」に関して，個々の国民がどれだけの負担に耐えられるかという 1 人当たり GDP の視点と同時に，国全体のプロジェクトとしてとらえた GDP の大きさも重要となるだろう。

2011 年のブータン国王来日以来注目を浴びている GNH (国民総福祉) は，国民がどれだけ「幸せ」と感じているかを表す指標であるが，残念ながら客観的とは言い難い。他国の事情を知らず，「知らぬが仏」という点もあるので，安易に使えない。

GDP がすべてではないのはあたりまえである (金持ちかどうかで人間の幸せのすべてが決まるわけがない)。しかし，客観的な議論をするための指標として，GDP よりも望ましいといえる指標は現時点では存在しないだろう。

3.4 フローとストックの違い

フローとは，一定期間にどれだけ生み出されたか (変化したか) を表す量であり，ストックはある一時点でどれだけの量が存在しているかを表す量である。風呂の水でたとえるならば，「1 分間に何リットルのお湯を入れるか」はフローであるが，「午後 9 時の時点で何リットルのお湯がたまっているか」はストックである。

GDP は，1 年間に生み出された付加価値の合計であるから，もちろんフローである。家計の預金額に関していえば，「1 月 1 日の時点でどれだけの預金があるか」といえばストックであるが，「去年 1 年間でどれだけ貯めたか

3.4 フローとストックの違い

（預金が増えたか）」といえばフローである。後者は変化分を表すからである。

国内総支出の各項目がフローであることから，所得から消費を差し引いた貯蓄もフローである。「貯蓄」という言葉のイメージからすると「どれだけ貯まっているか」のように理解しがちであるが，経済学では貯蓄は「どれだけ1年間に貯めたか（貯まったか）」を表すフロー変数である。

2.3.3ではフロー変数である「投資」とストック変数である「資本」を紹介したが，それ以外に，ここで代表的なストックの指標として，**国富**を紹介する。国富とは，国全体の期末資産から負債を除いた正味資産として定義される。資産は非金融資産と金融資産に分かれているので，富としてイメージしがちな株式等に限らず，「生産資産」も含まれる。

図3.11より，国富の伸びが大きいときに名目GDP比も大きく伸びているということから，名目GDPの成長以上の勢いで国富が増加していることがわかる。また1990年以降を境に国富はむしろ減少傾向を示し，同時に名目GDP比も低下しているということは，名目GDPがあまり変化せずに国富が減少していることを表している。ピークはバブル絶頂期の1990年である。

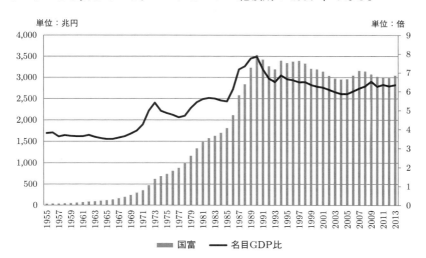

図3.11 国富と国富の名目GDP比

出所：平成27年度 経済財政白書 長期時系列。なお1969年末，1980年末，1994年末以降と推計方法が変わっている。

マクロ経済を見る上で重要なストック変数が，マネーストックである[12]。これについては第6章で説明する。

補論　貯蓄・消費の決定

第1章で紹介した2財モデルにおける無差別曲線図による分析を，異時点間の消費行動へと応用する。2財を，現在時点で消費する「現在財」と，将来時点での消費である「将来財」の2財とする。現在財の消費量を C_1，将来財の消費量を C_2 とおき，効用関数を $U(C_1, C_2)$ とおく。人生を現在と将来のたった2期に分けることは非現実的と考えるかもしれないが，前と同様に，本質的な部分は変わらない。

1.　貯蓄が可能になることで，効用が高まること

効用関数は第1章補論と同様に $U(C_1, C_2) = C_1 \times C_2$ とする。また現在時点での所得(収入)を Y_1，将来時点での所得(収入)を Y_2 とする。もし貯蓄や借入を考えなければ，消費者の効用は

$$U(C_1, C_2) = U(Y_1, Y_2) = Y_1 \times Y_2$$

となる。しかし，もし貯蓄や借入が可能であるならば，効用を高めることができる。たとえば，$Y_1 = 90$，$Y_2 = 10$ とすると，貯蓄・借入が不可能な場合，達成可能な効用水準は $90 \times 10 = 900$ である。しかし，たとえば貯蓄が可能で現在時点での消費を $C_1 = 50 = Y_1 - 40$ におさえ，余った40を将来時点での消費に加えて $C_2 = 50 = Y_2 + 40$ とすると，$50 \times 50 = 2500$ となり，より大きな効用を達成可能である。つまり，貯蓄・借入の可能性は，達成可能な効用水準を高める。

銀行に預ければ利子が得られるし，借金をした場合には利子を払わなければならないのがふつうである。その点を考慮に入れると，現在時点と将来時点という異時点間の意思決定問題を考えるには，利子率をモデルに含める必要がある。この点を考慮に入れてモデルを拡張することにしよう。

現在時点での所得と将来時点での所得については前と同様とするが，ここで，利

---

[12] 2008年までは，マクロ経済モデルに用いられる経済全体の貨幣の量はマネーサプライという用語で表されてきたので，少し古い経済学の教科書ではそちらが使われている。マネーストックとマネーサプライは，統計上の定義も異なるので違う概念であるが，単純なマクロ経済モデルを考える際には同じ役割を果たすものとして扱われる。

子率を $r \times 100\%$ とする。したがって，貯蓄または借入 S をした場合に一定期間後の元利合計は $(1+r)S$ となることを意味する。

貯蓄を $S>0$，借入を $S<0$ とした場合，各期における予算制約は以下のように表現できる。

$$C_1 = Y_1 - S, \qquad C_2 = Y_2 + (1+r)S$$

これを S を消去して1つにまとめると，

$$C_1 + \frac{1}{1+r}C_2 = Y_1 + \frac{1}{1+r}Y_2$$

となる。

両辺の第2項にあらわれる $1/(1+r)$ は，異時点間の価値をそろえるために用いる割引因子を表すものである。たとえば1年後に100万円が支払われる手形を年率25%で割り引く場合，いくらでその手形を買い取るかといえば，

$$\frac{1}{1+0.25} \times 100 = 80$$

となるから，80万円となる。これは，「利子率が25%の場合，1年後の100万円は現在の価値に直すと80万円となる」といっているのに等しい。つまり利子率がゼロでない限り，将来時点での X 万円の価値は現在時点では必ず X 万円より小さくなる。上の式の左辺は，現時点での消費額(支出額) C_1 と将来時点での消費額 C_2 を同じ現時点で測って合計するために，後者に $1/(1+r)$ を掛けているという計算となる。

いま，$Y_1 = 90$，$Y_2 = 11$，$r = 0.1$ とおいて，効用最大化問題を考える(図3.12)。

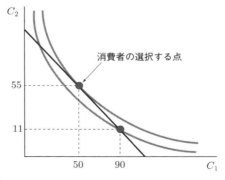

図3.12　異時点間の消費者の最適化行動

すなわち

$$C_1 + \frac{1}{1+0.1}C_2 = 90 + \frac{11}{1+0.1}$$

の予算制約のもとで，$U(C_1, C_2) = C_1 \times C_2$ を最大化する問題である。これを解くと，

$$C_1 = 50, \quad C_2 = 55$$

となる。つまりこのケースでは，消費者は現在時点で 40 を貯蓄し，将来時点で $40 \times 1.1 + 11 = 55$ の消費を行う。

貯蓄が行われなければ，$C_1 = 90$，$C_2 = 11$ を選ばざるを得ない。そのときの効用水準は 990 となる。これに対して貯蓄が可能になると，$50 \times 55 = 2750$ となり，効用水準は高まる。

2. 借金はいけないことなのか

同じ効用関数，同じ利子率で，今度は現在時点よりも将来時点の所得のほうが高いケースを考えてみよう。簡単化のために，$Y_1 = 10$, $Y_2 = 99$ とする。貯蓄・借入が不可能な場合，達成可能な効用水準は $10 \times 99 = 990$ である。これにたいして貯蓄・借り入れが可能になると，予算制約は

$$C_1 + \frac{1}{1+0.1}C_2 = 10 + \frac{99}{1+0.1}$$

となり，このもとで同じ効用関数を最大化する問題となる。右辺は前と同様，ちょうど 100 となるので，解は同じく

$$C_1 = 50, \quad C_2 = 55$$

となる。前との違いは，消費者は現在時点で 40 の借り入れを行い，将来時点の所得 99 のなかから $44 (= 40 \times (1+0.1))$ という，元本と利子)を支払った残りを消費に回す。その結果，$50 \times 55 = 2750$ という効用の達成が可能になる。

「借金」というと負のイメージをもつ人も多いと思うが，借金が問題なのは返す当てもないのに借金することが問題なのであり，むしろ個人の効用水準を高めるには重要な役割を果たしている。

4
インフレーション・デフレーションと失業

　近年，日本経済の抱える最大の問題はデフレーション(デフレ)であると言ってよいだろう．デフレとは物価が持続的に下落する現象を指し，インフレーション(インフレ)は逆に上昇する現象を指す．
　これらは失業率とも密接なかかわりがある．それらについてこの章で紹介する．

4.1 物価水準

　第3章のAD-ASモデルで物価水準の決定について紹介した．ここでは，統計上用いられる物価について詳しく説明することにする．

4.1.1 価格と物価の違いとインフレーション・デフレーション

　入門的な経済学で最初に学ぶのは，注目している財の市場における需要曲線と供給曲線の交点で均衡価格と均衡需給量(取引量，あるいは単に数量ということもある)が決まるという第1章で説明した話である．実際のビジネスに身を投じている方々からすれば，このあまりの単純さと日常とのギャップに「経済学は役に立たない」という疑惑をもつ原因となる．
　もちろん，この単純な図がある財の市場をすべて説明し尽くすなどとは経済学者も思っていない．そもそも，現実の価格が曲線の交点にあるのかはずれているのか，需要・供給曲線は正確にわかっているものなのかなど，疑問

はつきない。しかし，多くの市場に共通するいくつかの性質を，この図だけで我々は知ることができる。

(1) 売れ残りが生じているときは価格が下がり，不足が生じているときには価格が上がる。
(2) 市場の外の要因が変化すると需要・供給曲線がシフトして，価格の上昇や下落の原因となる。
(3) 市場均衡価格は「相場」のように解釈すべきで，売り手はこれよりずっと高い価格をつけることはできないし，買い手もこれよりもずっと安い価格で買うことはできない。
(4) 需要・供給曲線のシフトの考え方を利用すれば，その財の市場の拡大，縮小(消滅)なども考えることができる。

個々の財・サービスの市場では，売り手・買い手の行動の変化に応じて価格が変動する。とくにそれらの財・サービスの市場に参加している売り手・買い手にとっては個々の変動が重要であるのはあきらかだが，経済全体の視点からすると，それらの価格を集計した「平均的な指標」の動きが重要となる場合もある。その指標のことを**物価水準**(または単に**物価**)と呼ぶ。

とくに消費者にとっては，物価水準の動きは重要である。受け取った賃金でどれだけのモノが買えるか，自分の生活水準がどのようなものになるかは，特定の価格に注目するよりも，全体の平均的な動き，すなわち物価水準の動きを見る必要があるからである。

物価水準が持続的に上昇している状態がインフレーション，下落している状態がデフレーションである。物価水準が短期的に変動することはよくあるが，それが常態化するとき，インフレーションまたはデフレーションが起きているという。

インフレーションはさらに，ディマンドプル(demand pull)・インフレーションとコストプッシュ(cost push)・インフレーションに分けられる。ディマンドプル・インフレーションは需要が旺盛になるために引き起こさるインフレであり，AD 曲線の右側シフトによって引き起こされるインフレーションである。これに対してコストプッシュ・インフレーションとは，あとに見るような石油ショック等により企業の費用環境が悪化し，AS 曲線が左側に

4.1 物価水準

シフトすることによって引き起こされる物価上昇,インフレーションである。

デフレーションでも同じような原因を考えることができる。需要不足によって引き起こされるデフレーションはディマンドプル・デフレーション,あるいは2015年から16年にかけて続く原油価格低迷によるデフレーションなどはコストプッシュ・デフレーションといえるだろう。

インフレーションは好況期に,デフレーションは不況期に発生しやすい。ある財の市場で需要が活発になれば財の価格は上昇するが,それが経済における様々な財の市場で生じれば,当然それらの「平均値」である物価水準も上昇することになる。様々な市場で同時に需要が活発になるということは好況期に発生しやすいのはあきらかであろう。逆に不況期には,様々な財の市場で需要が低迷するから,物価水準は下落する。

4.1.2 代表的な物価指数

代表的な物価指数としては,GDPデフレータ,消費者物価指数,企業物価指数の3つがある。

GDPデフレータ

第2章で,名目GDPと実質GDPの違いについて説明した。名目GDPを実質GDP割ったものをGDPデフレータと呼ぶ。GDPデフレータの定義より

$$名目GDP = 実質GDP \times GDPデフレータ$$

という関係が常に成立していることから,

$$名目GDP成長率 = 実質GDP成長率 + GDPデフレータの変化率$$

という関係を導くことができる。ここで,GDPデフレータの変化率をインフレ率と考えれば,名目GDP成長率と実質GDP成長率の差がインフレ率ということになる。

名目GDPが10%成長していたとしても,そのときインフレ率が10%であ

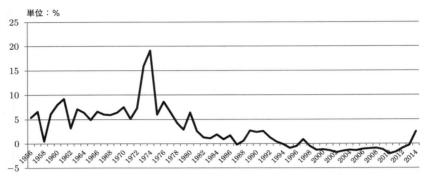

出所：平成 27 年度 経済財政白書 長期経済統計をもとに作成

図 4.1　GDP デフレータ

るならば，実質 GDP の成長率はゼロである。また，インフレ率がマイナスというデフレーションの状況であるならば，名目 GDP 成長率が低く，実質 GDP 成長率が高く出ることがある。2000 年代の小泉政権下で竹中大臣は，「デフレ期には，より生活実感に近い名目 GDP に注目すべきである」と述べたことがある。名目または実質 GDP 成長率だけでは，景気の良し悪しを判断することはできない。

　もっとも激しい動きを示したのは 1973 年の石油ショックである。上昇率は 20％にせまる水準であった。1994 年以降は 1997 年を除きずっとマイナスが続き，いわゆる「失われた 20 年」と呼ばれるデフレの時代が続いた。しかし，2013 年以降アベノミクスの始まりとともにデフレはおさまりつつあり，2014 年はプラスに転じている(図 4.1)。

消費者物価指数

　消費者がある一定期間に必要とする財・サービスの組み合わせ(バスケット)を購入するのに，どれだけの費用がかかるかによって求める指数である。基準年を 100 とおき，それと比較した数値を指標として用いる。消費者の生活に必要なものを基準とするので，バスケットに含まれる財は国内で生産されるものとは限らない点に，GDP デフレータとの違いがある。

4.1 物価水準

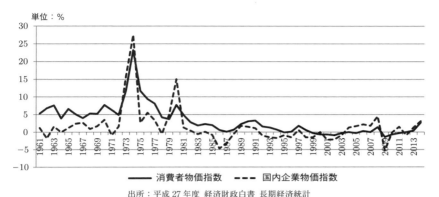

図 4.2 消費者物価指数と国内企業物価指数の変化率

企業物価指数

企業間で取引される財に関する物価の変動を測定するものであり，国内企業物価指数，輸出物価指数，輸入物価指数がある。

消費者物価指数も国内企業物価指数も GDP デフレータと同様の動きを示しているが，国内企業物価指数に第 2 次石油ショックの影響が大きい点が目立つ。また 2008 年に発生したリーマンショックの影響についても，国内企業物価指数に目立つ。

4.1.3 ラスパイレス指数とパーシェ指数

物価は個々の財の価格を指数化したものである。指数化の方法には大きく分けて，ラスパイレス式とパーシェ式の 2 つがある。いずれもある財の組み合わせをバスケットとして固定化し，同じバスケットを購入するのに，基準年と比較対象の年でどれだけ支出に差があるかを比率で表すものだが，ラスパイレス式が基準年の消費行動をバスケットとするのに対して，パーシェ式は比較対象の年のバスケットをとる，という違いがある。

言葉で書くとわかりにくいが，式で表すとわかりやすい。それぞれ財に番号をつけ，それを財 i と呼ぶことにする $(i = 1, \cdots, n)$。基準年におけるの財 i の価格と数量をそれぞれ p_i^0, q_i^0，比較対象の年 t における財 i の価格と数量

をそれぞれ p_i^t, q_i^t とすると，それぞれ

$$\text{ラスパイレス式}: \frac{\sum_{i=1}^{n} p_i^t q_i^0}{\sum_{i=1}^{n} p_i^0 q_i^0}, \quad \text{パーシェ式}: \frac{\sum_{i=1}^{n} p_i^t q_i^t}{\sum_{i=1}^{n} p_i^0 q_i^t}$$

と表される。ライスパイレス式で計算される物価指数は消費者物価指数，企業物価指数等であり，パーシェ式には GDP デフレータがある。

　これら2つの間にどのような違いがあるのか[1]。ポイントとなるのは，いずれのケースでも同じ数量の組み合わせに対して基準年，比較したい年の価格をかけているのであるが，ラスパイレス式は価格の変化前，パーシェ式は価格の変化後であるという点である。このことは，パーシェ式のほうが価格変化に対する市場の需要量の変化を取り入れているのに対して，ラスパイレス式の方は価格変化後も同じ需要量を市場全体で需要することを前提としているといえる。このことによって，以下のことが言える。いずれの指数にも長所短所がある。

(1) ラスパイレス指数では，消費者が価格変化に基づいて「より安い財を多く，より高い財を少なく購入しようとする」といった消費の代替行動を無視することになるので，生計費の変化が過大評価(上方バイアス)が生じる。パーシェ指数ではそれを避けることができる。

(2) パーシェ指数では財の購入量の組み合わせが変わってしまうので，「基準年と比べて，より安い財を購入せざるをえなくなることで生活水準(効用水準)はどれだけ低下するのか」がわかりにくくなるが，ラスパイレス指数では「価格変化によって，同じ効用水準を得るための費用がどれだけ変化するのか」がわかりやすい。

4.2　インフレーション・デフレーションの問題点

4.2.1　実質的債務負担の変化による所得再分配

　急激なインフレやデフレの問題点の1つは，資金の貸し手と借り手の間で，債務負担の実質的な価値が変化するために，当事者が意図しない形で所

---

[1] 以下マンキュー(2011)より。

4.2 インフレーション・デフレーションの問題点

得再分配を引き起こすことである．

インフレは，「資金の貸し手から借り手へ」の所得再分配である．たとえば，「1年後に利子をつけて200万円返す」という契約を結んだとする．借りた時点で200万円が車1台分の価値をもっていたとしても，1年間で激しいインフレが起きた結果，200万円の価値が自転車1台分になるかもしれない．つまり1年間に起きたインフレによって，貸し手からすれば「車1台分のおカネを貸して，帰ってきたのは自転車1台分」ということになる．これは，貸し手にとっては大損，借り手にとっては大儲けであり，貸し手の損は借り手の得になっている．つまり，貸し手から借り手に（意図しない形で）所得が移転したことを意味する．

デフレは逆である．前と同様に「1年後に利子をつけて2万円返す」という契約を結んだとする．借りた時点で2万円が自転車1台分の価値をもっていたとしても，（あまり考えられないが）1年間に激しいデフレが起こり，2万円の価値が車1台分になるかもしれない．今度は，借り手からすれば「自転車1台分のおカネを貸して，車1台分のおカネを返す必要に迫られる」ということになる．これは，借り手にとっては大損，貸し手にとっては大儲けであり，貸し手の得は借り手の損になっている．

このような極端な出来事は現実には起きにくいが，いずれも，貨幣価値が安定していれば起こりえなかった「意図しない」所得の移転である．このようなことが頻繁に起こるようであれば，誰も資金を貸借しなくなる．資金の貸借は両者にとってメリットのある取引の1つであるから，インフレ・デフレが問題であることはあきらかであろう[2]．

4.2.2　メニューコスト

激しいインフレ・デフレに見舞われると，頻繁に価格を改定する必要が生じる．価格改定の費用をメニューコストと呼ぶ．貨幣価値が安定していれば節約できたはずのメニューコストであるが，インフレ・デフレによって経済

---

[2] インフレやデフレが生じることが予想される場合は，利子率にそれが反映される．つまり，将来のインフレが予想される場合は名目的な利子率は上昇，逆の場合には低下する．この点については5章で再び述べる．

全体でそれを負担する必要が生じる。

4.2.3 インフレーション・デフレーションと為替レート

変動為替相場制のもとでは，インフレ・デフレは為替レートにも影響を与える。国内企業だけでなく，相手国の企業も「為替変動のリスク」にさらされることとなるので，日本と他国との取引が滞る。

通貨価値の安定は経済にとって必要不可欠のものであるが，それを目指して金融政策を実施するのが中央銀行の役割である。中央銀行については第5章で扱う。

4.2.4 累積的現象としてのインフレーション・デフレーション

インフレ・デフレが恐ろしいのは，どちらも累積的現象となることが避けられず，安定的な状態へと自律的に向かうメカニズムが働かない点である。

たとえばインフレが起きると，人々は「しばらく経つと，もっと欲しいモノの値段が上がるかもしれない」と考えるから，できるだけ早く欲しいものを手に入れようとする。それがさらなる物価上昇＝インフレにつながるのである。デフレの場合は逆に，「しばらく待てば，値下がりするかもしれない」と考えて買い控えにつながるから，さらなる物価下落＝デフレへとつながるのである。言いかえれば，インフレの時期というのは，現在の売り手が将来の売り手(それは自分自身かもしれない)との価格競争に勝っている時期であり，デフレの時期は将来の売り手に価格競争で負けている時期である。

現在の日本や世界を悩ましているデフレには，その他に2つの特徴がある。1つは，企業側が賃金のカットを行うことである。デフレの進行によって自らの製品の価格を低下させなければならなくなった企業は，費用を削減するために賃金を下げようとする。賃金の低下は人々の収入減少につながるので，「さらなる買い控え→価格・物価の低下→デフレ」という経路をたどる。もう1つの特徴は，雇用への不安である。賃金をカットすることになっても雇用が維持されるのであればまだよいが，企業側が労働者を解雇して費用を抑えようとする可能性もある。このような失業への不安が人々の買い控え行動につながり，デフレを深刻化させる。

4.2.5 インフレーション・デフレーションへの対応

インフレやデフレは，通貨価値の安定を目指す金融当局にとっては最大の関心事の1つである。そのために様々な手段を用いて通貨価値の安定を図ろうとする。しかし，需要サイドを原因とするインフレに対しては金融を引き締めることでインフレを抑えることができるが，供給サイドに関しては金融政策によってインフレを抑えることは難しい。需要サイドを原因とするインフレでは，景気の過熱を抑えればよいが，供給サイドのインフレの場合，インフレと不景気の併存（いわゆるスタグフレーション）となっているので，インフレを抑える引き締め策は景気をさらに悪化させることになる。

需要側を原因とするデフレの場合は，金融緩和によってAD曲線をシフトさせることができればデフレを抑えることができる。しかしながら，近年のデフレに対してはそれがなかなかうまくいっていない。またさらに原油価格低下を原因とするデフレに対しては，原油価格上昇が引き起こしたインフレに対して金融政策に打つ手がないのと同様，対策は難しい。

1990年代から続くデフレと金融政策との関係については，7章で詳しく取り上げる。

4.3 失　業

4.3.1 失業とは何か

「失業」とは，職を失うことであるが，我々が普段目にする**完全失業率**を導くための「完全失業」は，以下の3つを満たすときを指す。

(1) 仕事がなくて少しも仕事をしていなかった。
(2) 仕事があればすぐに働ける。
(3) 求職活動をしていた。

この「少しも仕事をしていなかった」をどこまで含めるかは，国によって若干の違いがある[3]。

完全失業率が現在の労働市場の状況を正確に表しているかについては，以下のような問題点があると考えられている。

---

[3] 詳しくは，総務省統計局「労働力調査年報」を参照のこと。

第1に，調査期間中(1週間程度)に1時間でも働いて賃金を得ることができれば「完全失業者」とは見なされない，というのはかなり偏った見方と言わざるを得ない。第2に，仕事があまりにも見つからないのであきらめて，一定期間以上求職活動をしなければ，「求職活動をしていた」という条件を満たさないため，完全失業者とならない。つまり景気があまりにも悪いために労働市場(求職市場)から撤退する人が増えれば，失業率は下がることすらある。逆に，景気がよくなって「そろそろ自分も仕事が見つかるかもしれない」と労働市場に参入する人が増えれば，少なくとも一時的には失業率は上昇する可能性がある。その意味で失業と景気の関係には注意が必要となる。第3に，失業保険が整備されている国では，次の職を探すのに時間をかけることができるので，それが整備されていない場合よりも失業者となる期間が長くなる。日本が欧米に比べ失業率が低いのは，失業保険が十分に整備されていないという解釈もできるのである。

　図4.3は，日本における完全失業率と労働力人口の推移をあらわしたものである。バブル経済直前まで低下傾向にあって2％そこそこのレベルであったが，1993年以降上昇傾向となり，1995年以降は3％を超える水準，高いときには5％台にまで上昇した。

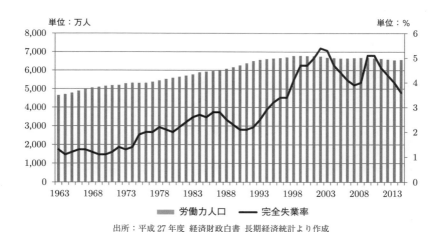

出所：平成27年度 経済財政白書 長期経済統計より作成

図 4.3　完全失業率と労働力人口

4.3 失業

月次レベルでは2009年5月以降ずっと5.0％台となっていたが，2010年12月に4％台となり，2013年11月以降2016年7月までは3％台となっている。

これは，諸外国で発表されている数字と比較すると低い。その理由は，「完全失業者」とみなされるための基準が高いことや，失業保険が整備されていないことが考えられる。したがって，完全失業率が他国に比べて低いことで，日本が望ましい状況にあると単純に言うことはできない。

労働力人口については，90年代後半をピークに減少傾向にある。最大の要因は高齢化と人口の減少である。図4.4は，15歳以上人口と労働力人口の変化率をグラフ化したものである。

労働力人口成長率のほうが変動が大きいのは，労働力人口からは完全失業者を除くため，景気の状況に依存するからである。変動の違いはあるが，どちらも低下傾向にあるのはあきらかである。とくに労働力人口については，1990年代後半以降，マイナスの成長率となる年の方が多くなっている。第3章でも述べたとおり，経済成長には技術進歩，資本ストックの成長以外に，労働力の成長も必要となる。今後人口減少が進むことになれば，日本経済の停滞にもつながることになるだろう。

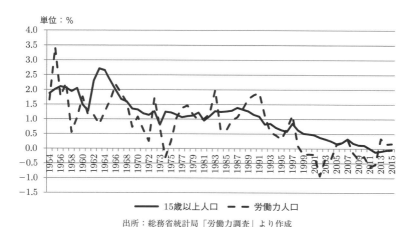

出所：総務省統計局「労働力調査」より作成

図4.4　15歳以上人口と労働力人口の成長率

4.3.2　失業の何が問題か

　失業は人々の生活の糧を奪うことを意味するから，健康で文化的な生活を奪うことにつながるので，それだけでも問題である。またそのことが治安の悪化を引き起こし，犯罪の増加を生む。失業の増加は失業していない人々の生活不安も生む。

　失業による生活不安を緩和する手段として失業保険や職業訓練などがあり，多くの場合国をはじめとする公的機関によって運営されている。しかし失業保険は民間では供給できないので，国が運営主体となる。企業に勤める労働者は給与から保険料をひかれ，それが財源となって雇用保険の給付金が支払われるが，景気が悪く大量の失業保険給付金が必要となる場合には，税金で補てんする必要がある。昨今の厳しい財政事情を考えれば，それはさらなる財政赤字の拡大要因となる。

　長期的な視点に立った場合でも，失業は深刻な問題を引き起こす。働くことによって身につくスキルは多い。単純作業であっても経験を積めばそれなりに効率的な作業が可能になるが，より複雑な作業，あるいは組織としての人的管理などに関しては，経験がものをいう場面が多い。いわゆる中間管理職，幹部候補生にあたる人材は，ある程度の年数実際に働いている必要がある。とくに若年層に失業が増えると，それら将来の企業を背負う人材が育たないこととなり，成長の阻害要因となる。

　また，これは定量的に把握するのが難しい点であるが，失業することによって「社会から必要とされていないのではないか」という思いを抱くようになり，それが精神的な病へとつながることもある。この点も社会にとって損失であり，社会的厚生の低下につながるといってよいだろう。

4.3.3　フィリップス曲線とベバリッジ曲線

　多くの政策担当者や中央銀行にとって，低い失業水準と物価の安定はいずれも望ましいものである。できれば両方を達成したい。それは可能なのであろうか。

　ニュージーランド出身の経済学者フィリップス(A. W. Phillips 1914-1975)は，彼の1958年の論文[4]で失業率と貨幣賃金変化率との間の負の相関関係を

4.3 失業

データにより示した。

図 4.5 の右下がりの曲線がフィリップス曲線である。u^* は**自然失業率**とよばれ、この失業率よりも低い失業率ではインフレとなり、これよりも高い失業率ではデフレとなる。通常景気のよい時期には失業率は低く、インフレになりやすい。景気が悪いときにはそれとは逆の現象が起きると考えれば、負の相関関係は直観的には非常に納得できるものである。また自然失業率が正である点も、構造的な失業(転職を考えている場合や労働市場のミスマッチ)を考えれば、もっともらしいものである。

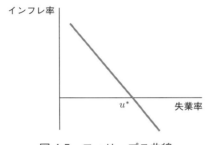

図 4.5　フィリップス曲線

いまフィリップス曲線は固定されたものとする。つまり、自然失業率は構造的に決まり、容易には低下させられないとする。たとえば政府や日銀が失業率を低下させたいと考えたとしよう。このとき、自然失業率よりも失業率を低下させようとすれば、インフレを覚悟しなければならない。逆にインフレを退治しようとすれば、失業率の低下を覚悟しなければならない。

インフレ率と失業率の間に図 4.5 で示されるような安定的な関係が存在するのであれば、政策当局はインフレのコストと失業率低下のベネフィットを考慮に入れながら、最適なインフレ率と失業率の組み合わせを選択することとなる。

実際のインフレーションと失業率の間には、このように直線的な負の相関

---

[4] A. W. Phillips (1958), "The Relationship between Unemployment and the Rate of Change of Money Wage Rates in the United Kingdom, 1861-1957", Economica, Vol. 25, No. 100, pp. 283-299.

関係が描かれるわけではない．図4.6は，経済白書長期経済統計を用いて描いたインフレ率と失業率の組み合わせをプロットしたものである．負の相関があるのは観察できるが，図4.5ほど関係はいえない．

1976年にノーベル経済学賞を受賞したフリードマン（M. Friedman, 1912-2006）や2006年に同じくノーベル経済学賞を受賞したフェルプス（E. S. Phelps, 1933-）らは，フィリップス曲線に人々のインフレに対する予想（期待）を組み込み，人々のインフレに対する予想の変化がフィリップス曲線をシフトさせるメカニズムを示した．つまり，政府の景気刺激策は，一時的には与えられたフィリップス曲線に沿ってインフレ率の上昇を伴う失業率の低下に成功するが，結局は人々のインフレ期待の上昇によってフィリップス曲線の上へのシフトとなり，インフレ率のみが上昇して失業率は低下しないことになる，と主張したのである[5]．

図4.6であきらかなように，1990年代頃までと2000年以降とではフィ

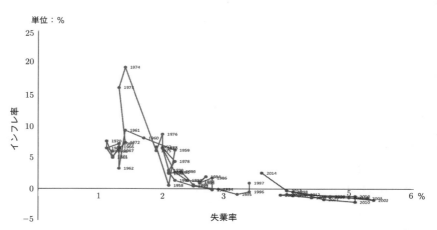

出所：平成27年版 経済財政白書長期経済統計より作成[6]．インフレ率は名目GDP成長率 − 実質GDP成長率によって得られるGDPデフレータを利用した．

図4.6 日本のフィリップス曲線

---

[5] この点については時間的非整合性の問題として再度取り上げる．
[6] 期間の区別については，櫨浩一「中央銀行は期待をコントロールできるのか」東洋経済ON LINE 2013年12月10日号を参考にした．

4.3 失業

リップス曲線の形状に大きな違いが見られる。直観的にはもっともらしいインフレ率と失業率の間の安定的な関係が成立しない原因について、**予想インフレ率**を導入した考え方は非常に参考になるといえる。

もう1つ労働市場に関する重要な概念として、**UV曲線(ベヴァリッジ曲線)** について紹介しておこう[7]。これは、図4.7に示すように、横軸に欠員率、縦軸に失業率をとったグラフで、右下がりのものとして表される。

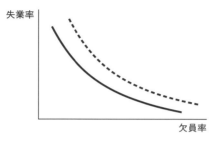

図4.7 ベヴァリッジ曲線

欠員率が高いということは求人が多いことに等しい。求人が多ければ失業率が下がるということも納得できるだろう。逆は逆であるから、UV曲線は右下がりである。

UV曲線の特徴は、右上に移動するほど高い欠員率と失業率が両立することを表すことから、労働市場における摩擦的失業が多いこと、あるいはマッチングがうまくいっていないことを示している点である。このことに注意しながら、日本における欠員率と雇用失業率の関係を眺めてみよう[8]。

図4.8を見ると、1970年代から1990年代と2000年代以降で2つのUV曲線が描けていることがわかる。つまり2000年代以降、UV曲線は右上にシフトしたこと、すなわち労働市場のマッチングがうまくいかなくなっていることがわかる。

---

[7] UVのUはunemployment、Vとはvacancyを表す。
[8] 欠員率 = {(有効人数 − 就職件数)/(有効求人数 − 就職件数) + 雇用者数} × 100
雇用失業率 = {完全失業者数/(完全失業者数 + 雇用者数)}
完全失業率でなく雇用失業率を用いるのは、欠員率でも雇用者数を用いていることに対応させたものである。これは齊藤他(2016)にならった。

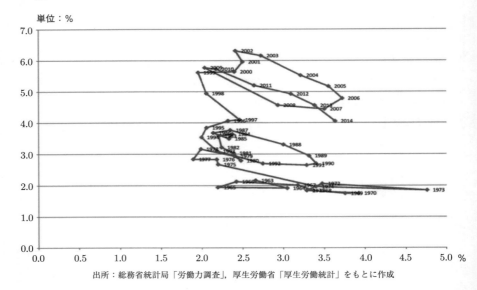

出所：総務省統計局「労働力調査」，厚生労働省「厚生労働統計」をもとに作成

図 4.8 日本のベバリッジ曲線

4.4 石油ショックとインフレーション

4.4.1 ニクソンショック・石油ショックとインフレーション

ここ数年はデフレが日本や世界経済にとって大きな問題となっているが，以前はむしろインフレの方が問題であった。第一次世界大戦後に起こったハイパーインフレの経験や，生産能力の破壊によって生じた第二次世界大戦後のインフレーションなどは，通貨価値の安定と雇用確保をどのように両立させるかについて苦心する時代であったと言える。

近年のインフレーションとして象徴的な出来事は，第1に1970年代のオイルショックとそれに伴うインフレ，第2に資産価格のインフレと言えるバブル経済である。むしろ，これらの経験が日銀や世間に通貨価値の安定に対するやや強すぎる警戒心を生み，デフレからの脱却に遅れが生じていると言える可能性すらある。以下それらのインフレの経験について紹介しよう。

1960年代から日本の国際競争力が強まり，経常収支の黒字が定着した。一

4.4 石油ショックとインフレーション

方でアメリカは，ベトナム戦争などの影響もあって経常収支の赤字が拡大した。ブレトンウッズ体制で定まったドルの為替レートはすでに高すぎるので，赤字はとどまることを知らなかった。

そこで1971年8月，ニクソン大統領はドルの価値を裏打ちしていた金とドルの交換を停止すると発表。同時に固定為替相場制を放棄することを宣言した。これをニクソンショックと呼ぶ。これを経て1971年12月に，いったん1ドル308円の新為替レートを設定することとなった。

約14%の円相場上昇によって予想される景気の悪化について，政府と日銀は過剰ともいえる反応を示した。政府は公共事業支出を拡大，おりしも田中角栄による列島改造論が出たころで，旺盛な需要が喚起された。また日銀も金融緩和につとめ，需要を刺激しようとした[9]。

結局新レートも長くは続かず，1973年2月に変動為替相場制に移行した。その8ヶ月後の1973年10月，中東戦争をきっかけとする**石油ショック**が発生した。需要側への刺激策によってディマンドプル・インフレーションの芽が出ていた日本経済は，石油ショックによって今度はコストプッシュ・インフレーションとなり，狂乱物価と呼ばれる事態に陥ることとなった。

インフレを抑えるため，金融政策・財政政策ともに引き締めに移り，インフレは終息することとなった。しかしインフレ退治のための引き締め政策は景気を悪化させ，1974年には戦後はじめて実質経済成長率がマイナスになった[10]。

4.4.2 石油ショック以降の産業構造の転換

1950年代から60年代にかけて「高度経済成長」という形で突き進んだ日本経済は，石油ショック後に低成長時代へと突入することとなった。低成長時代と高度成長期の違いについてまとめてみよう[11]。

石油ショックが残した影響は，(1) 企業は徹底的な合理化と省エネルギー

---

[9] 第6章で日銀の金融政策について述べる際に紹介するが，1970年から72年にかけて，マネーストックの伸び率は極めて高くなっている。これは日銀の積極的な金融緩和策による。
[10] これに対して名目経済成長率は18%を超えている。いかにインフレがすさまじかったかを表している。
[11] 以下の記述は丸山(2013)によるところが大きい。

投資，(2) 石油等の資源を豊富に使う重厚長大産業(鉄鋼，石油化学など)を中心とする産業構造から，半導体，自動車等の加工組み立て型産業が日本経済の花形となっていったこと，等があげられる。

いずれにしても高度経済成長期のような 10% 前後の実質経済成長率は望めなくなった。これは，戦後長く続いた欧米に追随することで成長するキャッチアップ型経済から世界をリードする立場となり，生産性の伸びが鈍化することになったことも原因である。

また経済の大きな動きとして，就業者数や実質 GDP の割合において第2次産業に替わって第3次産業の割合が高まったことがあげられる。いわゆるペティ＝クラークの法則がまさにあてはまる状況である。第3次産業は技術進歩が難しく生産性が上がりにくい。したがって，どうしても低成長期を経験せずにはおられないのである。

しかしこの時期の合理化と技術の発展を促す設備投資は，1980 年代後半以降のバブル期の日本の(高度成長ほどではないにしろ)成長を支えることとなった。

4.5 最低賃金の影響

4.5.1 労働市場の均衡

労働市場が完全競争的である場合，労働市場の需要・供給曲線は図 4.9 のように描かれる。この図はどのようにして描かれるのかを説明しよう。

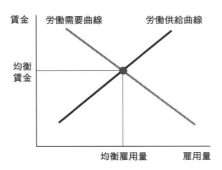

図 4.9 労働市場の需要・供給曲線

4.5 最低賃金の影響

労働需要曲線

いま企業にとって賃金は与件とする。つまり，各企業は労働市場全体に比べると小さいので，労働市場で決まっている賃金よりも低い賃金で雇おうとしても労働者を雇うことはできないし，高い賃金を払う必要はない。結局各企業はほぼ「相場」といえる賃金で雇わざるを得なくなるので，与件とみなしてもよいだろう[12]。

企業は基本的に，「1人雇用を追加することによって，それに伴う費用（賃金）増加と収入の増加を比較し，収入の増加の方が大きければ雇用を追加し，少なければ追加しない」というルールに従って雇用量を調整する。もちろん逆も正しく，「1人雇用を減らしたときの費用の節約分が収入の減少分を上回るのであれば雇用を減らし，収入の減少分のほうが大きければ雇用を減らさない」となる。これらは直観的にもあきらかであろう。

企業が雇用者を1人追加したときの収入の増加分は，追加する前の雇用量が増加するにしたがって減少すると考えられる。その結果，高い賃金では雇用量がそれほど多くない段階で「収入増加 < 賃金」となるので雇用の追加が止まり，低いときには雇用量をかなり増やすことになる。その結果，労働需要曲線は右下がりとなる。

ではなぜ雇用量が増加するにしたがって，雇用者を1人追加したときの収入の増加分は減少すると考えられるのか。いくつか理由が考えられる。第1に，労働以外の生産要素がボトルネックとなり，追加的に雇用した雇用者を十分に活かせないために，収入が下がるケースである。いくら人手を増やしたとしても，それに応じて機械や，そもそも働くスペースを広げなければ，非効率なものとならざるを得ない。第2に，その企業に「向いている」人が労働市場から減っていく可能性があるというケースである。最初のうちは能力もあってやる気のある人を雇用できるが，だんだんとそのような人が減ってくると，若干劣る人材を雇うこととなる。その結果追加的な収入は減ることとなる。第3に，現実に雇用量がある水準で決まっていることを説明

---

[12] もちろん，賃金は各労働者の能力などによって細かく違いがあるので，その場合「相場」とはかけはなれたものとなることはあり得る。特殊な能力を持っている労働者の場合，企業との交渉によって賃金は決まるだろう。

するには，収入の増加分が減少していくモデルしかない，ということである。もし収入の増加分が増加していくならば，企業は雇用を増やせば増やすほど収入を増やせるので，無限に雇用を増やすこととなる。このようなことは現実には観察されない。

労働供給曲線

　労働供給曲線については，第2章や3章で扱った2財モデルにおける無差別曲線を用いた労働供給の決定モデルによってあきらかにすることができる。詳細なモデルは省略するが[13]，賃金がそれほど高くない場合には，労働者はあまり長く働こうとしない。そのときに賃金が上昇すると，賃金の上昇によって追加的に働くことで受ける苦痛に比べ働くことで得る収入で購入できるものの価値が高いので，賃金の上昇は労働者の労働供給を増やそうとする。したがって労働供給曲線は右上がりとなる。

4.5.2　最低賃金制度

　働く人々は，最低賃金制度によってある意味で守られていると言える。最低賃金制度とは，最低賃金法に基づき国が賃金の最低限度を定め，使用者は，その最低賃金額以上の賃金を支払わなけれならないとする制度である。最低賃金には地域別最低賃金および特定最低賃金があり，ニュース等で話題になるのは地域別である。地域別でかなりのばらつきがあり，たとえば2015年度を見ると，東京都では時間額907円となっているのに対して，鳥取，高知，宮崎，沖縄では同じく693円と200円以上の開きがある。

　労働者を守る法律といえる最低賃金であるが，需要・供給曲線の観点から眺めると別の問題点が浮かび上がる。

　最低賃金が設定されない場合，均衡賃金水準はw^*，均衡雇用量はL^*である。これに対して，最低賃金が$\underline{w}$に設定されることで雇用量は$\underline{L}$となるので，最低賃金が設定されない場合に比べて$L^* - \underline{L}$の失業が生まれることに

---

　[13] 労働供給の問題を考えるときには，消費者行動理論における代替効果と所得効果について丁寧に考える必要があるので，詳しい分析はミクロ経済学の教科書に譲ることにする。

4.5 最低賃金の影響

なる(図 4.10)。

最低賃金の設定は、一見すると望ましい政策のように思われるが、それによって雇用が減少する可能性がある。需要側(雇う側)は無理に雇用を増やすことはしない。与えられた賃金のもとで雇える量しか雇わない。それが需要曲線である。

もちろん均衡賃金水準が「健康で文化的な生活を営む」レベルにも達しないのであれば、最低賃金を設定しないと雇用者すべてが低い賃金に甘んじることなる。「雇われている人だけは救われる」という意味では最低賃金の設定は望ましいかもしれない。しかしそれでは根本的な解決となっていない。

そこで考えられるのは、そもそも需要が少ないことに注目し、均衡賃金水準を引き上げる方法である。何らかの政策を実行することによって、需要曲

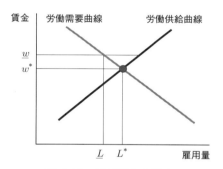

図 4.10 最低賃金の設定

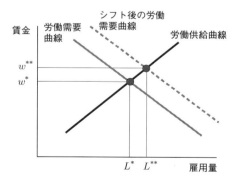

図 4.11 労働需要曲線を動かす政策の導入

線を図4.11にあるように右側にシフトさせることができれば，均衡賃金水準は上昇する。これは，均衡賃金も上昇すると同時に雇用も増えるので，望ましい政策といえるだろう。

いわゆる「景気対策」と呼ばれる政策は，これを目指している。単に最低賃金を設定するようなことは何の解決にもならない。この簡単な需要・供給曲線図からもそのようなことを知ることができる。

4.6 労働の不足と過剰
4.6.1 正規・非正規雇用問題

年功序列・終身雇用システムは，日本企業の代表的慣行とされ，日本企業の強さの要因とされた。景気の良いときは，企業は生産を拡大しようとするが，景気が悪ければ縮小する。これは企業が存続するためには合理的な判断と言える。生産の拡大は原材料購入の増加，縮小は減少を伴うのは当然であるが，労働者に関して同様な選択を行う場合，労働者の雇用は安定せず，不況期に失業者が急増することとなる。従来の日本企業は，これに対して「雇用を減らす」ではなく，「各労働者の労働時間を減らすこと」によって対応し，可能な限り失業者を出さないようにしてきた。

しかしバブル崩壊以降，日本企業の非効率性が様々な形で指摘される中で，成果主義・実力主義がもてはやされ，人材異動を促進することが推奨された。「ひとつの会社に縛られない」という考え方が契約社員という制度の広がりにつながったと言える。

雇用の流動化は決して悪いことではない。中途採用市場の広がりという観点からすれば，限られた資源の効率的な配分につながるからである。しかしそれが，安易に雇用と解雇を繰り返すような「労働の原材料化」とも言える事態につながると，深刻な社会問題となる。すなわち雇用の流動化によって契約社員のような雇用形態が増え，労働者をモノ扱いする動きによって，若年層の失業率は上昇し，社会問題化している。

図4.12は，役員を除く雇用者数を，正規・非正規に分けて示したものである。折れ線グラフは，非正規の占める割合を示している。雇用者数全体は

4.6 労働の不足と過剰

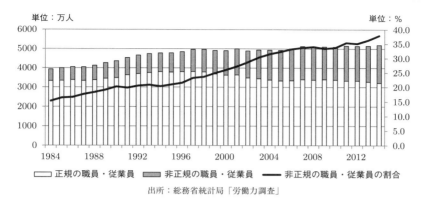

図 4.12 正規・非正規の職員・従業員数の推移と非正規の割合（役員を除く）

5000万人前後で安定，あるいは近年はむしろ微増であるが，非正規の割合はほぼ一貫して上昇傾向にあることが見て取れるだろう。

最近深刻化しているのは，若年層の失業率が上昇していること，あるいは退職する若者が増えている点である。「辛抱がなくなった」という精神論も見られるが，むしろ上に述べたような「若年労働者を使い捨てのように考えている」企業側の問題も考えられる。

完全失業率は，他の階層に比べ 15-24 歳の層が高い。非正規雇用の割合については，どの階層も3割前後となっている。55-64 歳の層については，多くの企業にとって 60 歳が定年で，それ以降が嘱託のような形となっていることを考えると，非正規雇用の割合が著しく高くなることは当然である。しかし完全失業率については，そのような事情のある 55 から 64 歳の層に比べても若年層の失業率は高くなっていることがわかる。

若年労働者の雇用が確保されていないと，当然身に付けるべき「スキル」

表 4.1　年齢階級別失業率・非正規雇用の割合（2015 年）

年齢階級	15-24	25-34	35-44	45-54	55-64
非正規の職員・従業員(%)	29.8	27.3	29.6	32.6	47.4
完全失業率(%)	5.5	4.6	3.1	2.8	3.1

※ 15-24 の非正規の割合は在学中を除く
出所：総務省統計局「労働力調査」

のようなものが身に付かないという問題点がある．多くの組織では，組織の階層構造の中でリーダーとなる人物が一定数必要となる．リーダーとしての能力や技術は経験によって身に付く場合が多いので，とくに若年層の失業が多いことは将来大きな問題となり得る．若年労働者が定職を持たない状況が続くと，経験によって得られるはずのスキルが身につかないという問題が生じる．これは企業の長期的な成長にとってダメージである．

非正規雇用拡大の原因が，いわゆるワークライフバランスといった前向きな理由であるならば問題はない．しかし現実には過度の企業間競争が，弱者である労働へツケをまわしている形になっていると言えるだろう．

非正規雇用による生活の不安が消費者としての労働者の購買行動を萎縮させ，それがさらに消費を冷え込ませ，景気回復にもつながらず，それがさらに非正規雇用の拡大といった悪循環に陥る可能性がある．

4.6.2 労働人口の不足と女性労働

4.6.1 とは正反対の問題であるが，日本が今後人口減少社会へと突入していく過程で，労働力の不足が深刻化し，それをどのように補うかという問題が生じるという点である．2章で見たように，経済成長率は資本の成長率と労働力の成長率に依存する．労働力の成長率の不足を技術進歩，あるいは資本の成長率で補うという考え方もあるが，高齢社会を迎え資本蓄積にも限りがある点を考えれば，安易にそれに期待することは難しいだろう．

それらへの対応として，1つは女性労働力の活用である．しかし女性労働力の活用には，女性が働きやすい環境を整える必要がある．図 4.13 に示すように，1970 年のデータでは 20 代前半，1990 年のデータでは 20 代後半に，就業率が落ち込む傾向がある(M 字カーブを描く)．これは，子育て期に女性が働きにくかったことの証左と言えるだろう．

しかしこの山は，2015 年ではあまり目立たなくなってきた．これは，長引く不況の影響で女性が働かざるを得ないという状況を表している可能性もある．2016 年に話題となった保育所の問題のように，女性の労働力を活用するには育休等男性の労働環境も含めた子育てに対してどれだけ本気で国全体が取り組めるかにかかっている．これは，後の 9 章で扱う社会保障の問題とも

4.6 労働の不足と過剰

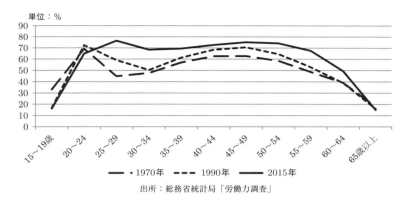

出所：総務省統計局「労働力調査」

図 4.13　女性の年齢階級別就業率

かかわる。

　もう1つの労働力の減少への対策は，外国人労働者の活用である。表4.2は，2015年10月末現在に届け出のあった外国人労働者のうち，人数の多いものをあげた。この中ではベトナムの増加が著しい。他にネパールも14,774人で同60.8％増となっている。

　すでに企業側は，採用の際に優秀な外国人を積極的に受け入れる姿勢を示し始めている。しかし業種によっては，言葉や習慣の壁が外国人労働者の流入を阻んでいる面もある。制度をどのように整えるかも課題となるだろう。

表 4.2　外国人労働者数について

外国人労働者数	907,896 人	前年同期比 15.3％増加
中国	322,545 人	前年同期比 3.4％増加
ベトナム	110,013 人	同 79.9％増加
フィリピン	106,533 人	同 16.4％増加
ブラジル	96,672 人	同 2.7％増加

出所：厚生労働省「外国人雇用状況」届け出(2015年10月末現在)

5
日本経済における金融の役割

　金融システムが滞ることは，血液が流れないのと同じであり，経済は死を迎えると言っても過言ではない。5章と6章では，金融システムと，その中核をなす日本銀行の役割について紹介する。

5.1　経済における金融の役割

5.1.1　金融とはなんだろうか

　私たちの暮らしにおいて，金融の役割は欠かせない。目の前の相手との現金の取引だけでなく，遠くに住む相手に金融機関で振込を行ったり，あるいは「口座引き落とし」を利用した取引を可能にするのが金融の役割である。それだけに限らず，とりあえず使わないおカネを預けることで利子を稼いだり，金融機関でローンを組んで住宅を購入したりする際にも金融機関を利用することになる。金融の役割は，我々の生活において不可欠であり，また幅広いものである。

　金融論の教科書には，金融とは，資金に余裕のある主体(これを**資金余剰主体**と呼ぶ)から，資金を必要とする主体(これを**資金不足主体**と呼ぶ)に資「金」を「融」通することとある。資金余剰主体は，現時点でどうしても必要な支出がないので，将来，利子＋元本として戻ってくるのであれば，その資金を手元に置いておくよりもメリットがある主体である。また資金不足主体とは，将来，利子＋元本を融通してもらった主体に支払ったとしても，それ

以上の利益を得られる主体である。したがって，「金融」という取引も，前と同様双方に利益のある取引である。多くの場合，資金に余裕のある主体は家計，資金の融通を必要とする主体は企業である。

図1.4の経済循環図にあるように，資金の流れは経済において血液のようなものである。資金取引の縮小は，経済の停滞に繋がる。もちろん，はじめから明らかに「無謀」といえるプロジェクトに資金がまわることは非効率性をもたらすことになるが，「景気さえ良ければ」きちんと投資家に成果をもたらすようなプロジェクトも，不景気であるがために成果をもたらさなくなり，それを恐れる投資家が資金を提供しないために，ますます不景気となる悪循環が生まれる。「悪循環」が非常に生まれやすいのが，金融市場の特徴であるといえる。

金融も「取引」の一種であるから，資金のやりとりが活発になることは，経済活動が活発になっているのに等しい。しかし，通常の財・サービスを現金で取引するのと異なり，資金の取引の場合には，必ず時間的な差が存在する。つまりそこには不確実性がある。通常の財の取引ならば，価格と所得の大きさのみが考慮されるが，資金の取引となると不確実性の要素が入ってくる。この不確実性は，現在の景気に左右されやすい。つまり，同じ利子の水準であっても，景気の将来に対する見通しがよければ返ってくる可能性も高くなり，さらに取引が活発化するが，悲観的な見通しであると返ってくる可能性が低くなるため，取引は行われなくなる。

5.1.2 直接金融と間接金融

資金の融通方法は様々であるが，大きく分けると，資金に余裕のある主体が株式や債券を購入する形で融通する**直接金融**，銀行が預金を集め，それを銀行融資という形で融通する**間接金融**の2つがある。

直接金融(1)：株式

直接金融は証券会社が仲介し，資金を提供する側と資金を調達する側をつなぐ。企業が株式で資金調達を行って利益が出た場合，企業は配当を支払う。利益がでない場合には，配当は支払われない。株を保有する主体(株主)

は，企業が倒産した場合，株式は紙くずとなり，企業に対して何も請求することができないというリスクを負っている。しかし同時に，出資した企業が倒産した場合，自分が保有する株式が紙くずになる以上の責任を負わない（有限責任）。すなわち，企業が倒産した際の負債を株主が負担する必要はない。

株式が公開されている場合，株式市場で株を売買することができる。好業績が予想される企業の株を保有しようとする人は多いので，そのような株の株価は上がり，人気のない企業の株価は下がる。将来の業績予想，あるいは株価上昇予想が株価を決める。

直接金融(2)：債券

債券（国債や社債）は，国（政府）や企業に対する貸し出しの証書のようなものであり，決まった期日に利子をつけた金額が戻ってくる。社債は株式と異なり，企業の業績にかかわらず戻ってくる金額は証書に記載されたとおりの額である（株の場合，業績が良ければ配当も増える）。またその企業が倒産した場合，全額戻ってくることはないが，一部は請求することができる。

つまり，同じ100万円を相手企業に提供した場合でも，株式の購入では「出資」となり，業績が思ったよりも上昇すれば高い配当が得られるが，業績が振るわず倒産ということになれば1円も戻ってこない。これに対して債券の購入の場合は「貸出」と同じこととなり，どんなに業績が好調であっても決まった利子しか得られないが，倒産した場合には提供した金額を請求することができる。もちろん，いくら戻ってくるかは相手の支払い能力に依存する。

株と同様，債券も債券市場で売買することができる。債券の場合，「元本＋利子」以上の価格になることはない。株と債券の大きな違いは，株の場合「株主総会」を通じて経営に参加することができるが，債券の場合はそのようなことができないという点である。

間接金融：銀行融資

銀行融資は，預金証券を用いて資金を預金者から集めた銀行が，企業等へ

5.1 経済における金融の役割

資金を融資することによって成立する．銀行は，貸出で得た利子をもとに預金者に利子を払う．個々の預金者の資金が小さい額であっても，銀行がそれを大量に集めることによって，大口の貸出が可能になるという点に特徴がある[1]．

借入は，企業が銀行に対して直接借入を申し込み，審査を経て銀行が貸し出す．金利については，融資の条件や借入先の状況によって異なる．

5.1.3 金融機関の種類[2]

日本における金融機関は，大きく分けて(1) 中央銀行(日本銀行)，(2) 民間金融機関，(3) 公的金融機関(日本政策投資銀行，国際協力銀行等)，の3つに分類される．ここではとくに民間金融機関に絞って議論を進めることにする．

民間金融機関はさらに，**預金取扱金融機関**と**非預金取扱金融機関**に分けられる(表5.1)．前者は主に銀行であり，後者には証券会社，保険会社が含まれる．以下，主に銀行と証券会社・保険会社について説明する．

表5.1 日本における民間金融機関

《預金取扱機関》

普通銀行	都市銀行，地方銀行 第二地方銀行，信託銀行 外国銀行，ゆうちょ銀行等
協同組織金融機関	信用金庫，信用組合等
協同組織金融機関の中央機関	信金中央金庫等

《非預金取扱機関》

証券関連	証券会社等
保険	生命保険会社，損害保険会社等
消費者信用	消費者信用会社他
事業者信用	リース会社等
その他	

出所：鹿野(2013)をもとに著者作成

---

[1] しかしこれについても，近年証券化という手法によって，大規模なプロジェクトの資金を小口化して資金を集める手法が盛んになっている．

[2] 以下の記述は鹿野(2013)による．

5.2 銀　行

5.2.1 銀行の業務

　すでに述べたとおり，一般的な銀行の役割の一つは，資金余剰主体から預金という形で資金を集め，資金不足主体に貸し出しを行うことである。それ以外にも，貨幣の移動を仲介する決済業務の役割も持っている。

　公的銀行等一部を除き，銀行では，預金者から集めた預金を元に企業等に対して貸し出しを行ったり，国債購入を行ったりすることで資金運用を行う。預金者に支払う利子よりも貸し出しの利子のほうが高く設定されるため，その差が銀行にとっての利益(もちろん人件費等必要な経費は差し引かれるが)となる。不況期のように，貸し出しを行うことにリスクを伴うような場合は，銀行は様々な金融資産を購入・売却することで資金を運用する。

　貸出先が破綻して貸し出した資金を回収できなかったり，運用した債券が無価値になったりすると，銀行には損失が発生し，預金者の預金が守られなくなる可能性がある。そのため日本では，**預金保険機構**を通じて，預金者1人当たり元本1000万円までと破綻日までの利息等は守られている。

　銀行にとっては，通常貸出の額が大きくなればなるほど預金者の利益になるだけでなく，銀行にとっても利益になる。借り手のほうも，利益になるからこそ資金を借りたのだから，銀行貸出が活発になることは当事者すべてにとって利益になるはずである。

　しかし，当事者すべてにとって利益になるのは，貸し出した資金が利子とともに回収された場合に限る。もしそれが回収不能となれば，銀行の利益にならないだけでなく，預金者も利子を受け取ることができない。「利子を受け取ることができない」程度ならばまだよいが，銀行が経営破綻することにより，預金の一部が戻ってこなくなることすらある。

　1990年代前半，日本で問題となったいわゆる**不良債権問題**は，貸し出した資金が回収できなくなり，預金者の不利益となることであった。また2008年秋以降に深刻化したサブプライムローン問題は，不良債権問題よりはやや複雑であるが，住宅ローン(住宅購入者への貸出)の一部が返済不能になることにより生じた問題である。

5.2 銀　行

銀行の経営問題の怖さは、一つの銀行が潰れるだけでは済まない場合が多いことである。銀行は、決済機能（代金の支払いと受け取り）を担うので、一つの銀行が業務を停止すると、決済機能が滞ることとなり、「あてにしていた資金を受け取ることができない」という形で全体に波及することになる。また、預金者側からすると、一つの銀行が潰れることが「自分の銀行は大丈夫か」という不安感を煽り、「取り付け騒ぎ」が生じて多くの銀行が業務を続けられなくなることすら生じる可能性がある。このことは、一国の経済活動の停止につながるので、政府や中央銀行は、預金保険システムを整備したり、銀行の経営不安が生じたときに他へ波及しないようにする策を講じたりすることで、経済の安定化を図ろうとする。

5.2.2 銀行の種類

日本における金融機関のうち、いわゆる銀行と呼ばれるものの中で代表的なものについて紹介することとする。

（1）都市銀行

大都市に本店を置き、全国に支店を展開する銀行グループである。表5.2に示すように、1980年代後半には13の都市銀行が存在したが、破綻、合併、統合などにより再編が進み、現在は金融持株会社形態の4つのグループが存在するにすぎない。

a) みずほ
b) 三菱東京 UFJ
c) 三井住友
d) りそな

これにさらに三井住友信託系をいれて五大グループという場合もある。

バブル崩壊以後、1990年代に金融のグローバル化が進み、政府主導で「金融ビッグバン」が進められた結果、これらに再編された。規模を大きくすることで国際的な競争に耐えうる銀行を目指したということができる。しかしながら、統合には物理的なシステムの統合の難しさだけでなく、行風の違いといった問題もあり、すべてが簡単にうまくいくとはいえないようである。と

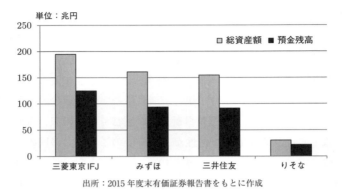

出所:2015年度末有価証券報告書をもとに作成

図 5.1　各メガバンクの総資産額と預金残高の比較

表 5.2　1980 年代終わりの都市銀行とメガバンク(括弧内は発足年)

1989 年当時の都市銀行	1990〜2002 までの合併	現在のメガバンク
三和	UFJ (2002 年)	三菱東京 UFJ (2006 年)
東海		
三菱	東京三菱 (1996 年)	
東京		
富士		みずほ (2002 年)
第一勧業		
日本興行[1]		
太陽神戸銀行	さくら (1990 年)	三井住友 (2001 年)
三井銀行		
住友		
大和		りそな (2003 年)[3]
協和	あさひ (1991 年)[2]	
埼玉		
北海道拓殖	1997 年　破たん	

1. 日本興業銀行は都市銀行ではなく長期信用銀行
2. 合併当時は協和埼玉銀行。1992 年に改称
3. 一部は埼玉りそな銀行となる。

くに前者については，大規模なトラブルに見舞われたことも少なくない。一国経済における金融機関の重要性からいえば，あってはならないことである。

（2） 地方銀行・第二地方銀行

地方銀行とは，都道府県県庁所在地を中心とする地方中核都市に本店をおき，その周辺に支店を置いている銀行である。営業基盤は主として一つの都道府県に限られており，現在全国に64行ある[3]。また第二地方銀行は，中小企業金融の専門機関であった相互銀行が普通銀行に転換したものがほとんどである。地方銀行よりも規模の小さいものが多く，41行ある。

（3） 信託銀行

信託銀行とは，信託業務を行う銀行である。信託業務とは財産の所有者が，他者に財産権を移転して一定の目的のために財産の管理や処分をさせることを意味する。16行ある。

（4） ゆうちょ銀行

2006年の郵政民営化後，2007年10月に国内最大の銀行として登場したのがゆうちょ銀行である。2015年度第3四半期有価証券報告書によると，総資産額は208兆円，とくに預金合計は174兆円で，ほかの金融機関に比べ群を抜いて大きい。

その前身である郵便局時代，全国にくまなく張り巡らされた郵便局のネットワークを生かし，「郵便貯金」として人々の余剰資金を蓄えたのである。高度成長期，郵貯によって集められた資金は財政投融資の原資となり，長期的視野に立った投資へと振り向けられた。それが国内のインフラ整備に与えた影響は大きい。しかし現代において，金融市場でゆうちょ銀行のような巨大な金融機関が存在することの意味については賛否が分かれている。つまり，民間の金融機関からすれば，競争相手としてそもそも対等な土俵に立っていないという批判がある。

（5） 在日外国銀行・インターネット銀行

海外に本拠をもつ銀行が，日本の法律に基づいて日本で営業活動を行って

---

[3] 金融庁「免許・登録・許可を受けている業者一覧」より。2016年5月現在の数字である。以下，各種類の銀行数は同じ資料からのものである。

いる銀行は，53行にのぼる。また最近では，物理的な店舗をもたず，インターネットのみを顧客とのチャネルとして営業活動を行っている銀行である。インターネット銀行は，無店舗であることを利用して費用を削減，その分一般の銀行よりも高い預金金利を提示しているものが多い。

5.2.3 信用金庫など

地域密着型ともいえる金融機関として，信用金庫や信用組合がある。信用金庫は，一定の地域内の居住者，その地域内に事業所を有する事業者およびその地域内で勤労に従事する者を会員とする地縁的な共同組織である[4]。これに対して信用組合は，信用金庫と性格が似ているが，信用金庫よりも規模の小さな非営利の組合である。その他農協も金融機関としての役割を果たすことがある。

5.3 証券会社と保険会社

5.3.1 証券会社

証券会社の業務は，①ブローカー業務(有価証券の委託売買)，②ディーラー業務(有価証券の自己売買)，③アンダーライター業務(「有価証券の引き受け」といわれ，有価証券を販売目的で買い受け，売れ残りが生じたときは残額を引き取る)，④セリング業務(発行者等からの依頼を受けた有価証券の一般投資家向けの売り出し業務であり，売れ残りの引き受け責任は負わない)である。また有価証券とは，株式，国債，地方債，政府保証債，社債，投資信託受益証券，CP(コマーシャルペーパー)などである[5]。

1997年の金融危機以前は，いわゆる四大証券(野村證券，大和証券，日興証券，山一証券)と準大手のように分かれていたが，四大証券の一つである山一証券が1997年11月に廃業し，また1990年代後半の金融ビッグバンの流れの中で，複雑に合併や外資との提携等を繰り返し，現在では野村，大和，SMBC日興証券が主要三社である。また最近ではネット証券の成長が著しい。

---

[4] 島村・中島(2014)より。
[5] 島村・中島前掲書，p. 91 より。

日本証券業協会の会員業者は，2016 年 5 月現在全国で 255 である。これらには外資系証券会社も含まれるが，たいへんな数の証券会社が市場に参加していることがわかる。

5.3.2 保険会社

生命保険は，一定量の保険料を保険会社に対して払い続けることで，加入者が死亡した場合にその家族が保険金を受け取ることができるというシステムである。つまり加入者は，「もしも」の場合に保険金という形で金銭を受け取れる権利を，保険料を払い続けることによって購入するのである。

保険会社は，支払われた保険料を運用することで保険金の原資としたり，会社自身の利益としたりすることができる。運用益は市場環境によっても左右されるが，高い運用益が見込める場合には保険料を抑え，加入者を拡大することができる。しかし低い運用益の場合には，保険を購入する側にとっては魅力のある保険を提示することができないので，加入者を増やすことができなくなる。

平成不況以降低金利が続き株価が低迷する中で，保険会社はそれ以前ほど高い運用益を得ることができなくなった。したがって，契約した保険の予定利率（加入者にとっての保険の利回り）に保険会社の運用利益率が追い付かず，経営を圧迫するようになった。その結果，いくつかの保険会社が経営破たんに追い込まれる事態となった。現在は 38 の生命保険会社が免許を得て営業を行っている。

損害保険は，加入者の死亡ではなく，火災や地震，自動車事故などの損害に備えた保険である。現在 30 の会社が営業を行っている。損害保険についても，生命保険と同様に予定利率が運用利回りを上回ると保険会社にとっては損失となる。

5.4 日本の株式市場

日本での株取引については，証券取引所で取引が行われる。証券取引所は，東京証券取引所が圧倒的な規模をほこり，その他大阪，名古屋，福岡，

図 5.2　図 5.4.1　日経平均の推移

札幌がある。またそれぞれ，一部，二部にわかれ，また新興企業を対象としたマザーズなどもある。

株式市場の様子を窺い知る重要な指標として，日経平均株価があり，日々のニュースでも紹介される。日経平均株価の推移を図 5.2 に示した。株価の動きはほぼ景気の動きと連動しており，好況期には上昇傾向，不況期には下落傾向となる。過去最高値をつけたのは 1989 年 12 月終わりであり，38900 円である。これ以降平成不況とともに下落傾向が進み，一時 8000 円を割り込むことすらあった。2016 年 4 月現在では，アベノミクスの影響を受けてかなり持ち直しているが，それでも最高値に比べれば 3 分の 1 以下である。

表 5.3 にあるとおり，米国やユーロ圏に比べ，日本では家計が株式を保有する割合は少ない。これは，日本では長く企業の資金調達が銀行融資に偏っていたこともある。しかしバブル期以降株式市場の重要性は増しており，ま

表 5.3　日米欧の家計の金融資産構成（主なもの）

	現金・預金	債務証券	投資信託	株式等	保険・年金等
日本	51.8%	1.4%	5.5%	9.7%	29.3%
米国	13.7%	4.6%	13.0%	34.2%	31.7%
ユーロエリア	34.4%	4.0%	8.6%	16.9%	33.5%

出所：日本銀行調査統計局「資金循環の日米欧比較」2016 年 4 月 6 日より。日本と米国は 2015 年 12 月末，ユーロエリアは 2015 年 9 月末

たインターネット証券の発達によって個人が以前に比べ気軽に株式市場に参加する可能性もある。

5.5 利子率の働き

5.5.1 利子率の役割

　ある一時点における財の取引の交換価値を表すものが価格であるならば，異時点間の取引の価格を表すものが本来の意味での利子率である。一時点での取引では決して現れない利子率は，取引が異時点間にわたるとき，重要な役割を果たす。

　利子率については，大きく分けて以下の働きがあるとみなせる。

(1) 現時点での消費を将来時点に先延ばすかわりに得る代償。これが資金の供給側となる。

(2) 需要側としては，現時点で借りた分を元手にして将来それ以上を手に入れることが可能であるならば，利子として借りた分よりも多く支払う約束をすることができる。

　また利子率には，資金供給側のリスクに対する態度を表す指標にもなる。取引が異時点間にわたる場合，不確実性によって供給側が許容できる利子率にも影響を与える。返済されないリスクが含まれることで，それを上乗せした分許容できる利子率は上昇する。長期金利が通常短期よりも高くなるのはそのためである。

　このリスクの程度が，様々な利子率の違いを説明することとなる。たとえば，借り手が返済しないリスクがもっとも高い消費者ローンでは金利は必然的に高くなるが，十分な審査を行う住宅ローンの金利は低い。これは企業への貸出でも同様であり，あまり信用のない企業への貸出金利は高くなる。

　この論理をそのまま消費者金融にあてはめると，「返してくれる可能性の非常に低い借り手に高い金利を設定すること」は正当化される。しかし日本では，法律で上限金利が定められており，たとえ相手が貸し倒れリスクのある借り手であっても，貸し手は上限金利を守らなくてはならない。すると，貸し手はそれらの借り手に貸すことができなくなる。もちろん，高い金利に苦しんで

様々な悲劇が生まれたことも確かであるが,「正当な高金利」もあり得ることを考えると,どこまで規制が許されるかは議論の余地のある点だといえる。

5.5.2 名目金利と実質金利

デフレの状態からなかなか脱け出せない中で,国債の金利がマイナスになる状況がしばしば生まれている。国債の価格は入札によって決まるが,マイナス金利とは,満期までその国債を保有したときに,償還金額が購入価格を下回る場合である。たとえば上のように「1年後に105万円戻る国債」を110万円で購入すれば,それはマイナス金利のケースに対応する。

このようなことが起きる原因は,第1にデフレーションである。現在の110万円と1年後の105万円を比較した場合に,将来の105万円のほうが十分に価値があると考えられるのであれば,名目金利としてマイナスであっても,実質金利としてはプラスとなる。この点は,

$$実質金利 = 名目金利 - インフレ率$$

といういわゆるフィッシャー方程式を考えるとわかりやすい。たとえ名目金利がマイナスであっても,インフレ率がマイナス(つまりデフレ)で,その絶対値が十分に大きければ,

$$名目金利(-) - インフレ率(-) = 実質金利(+)$$

の関係より,実質金利はプラスとなる。

もう1つの理由は,金融緩和の中で日銀が国債を積極的に購入するために市場に流通する国債が少なくなる中で,各金融機関が国債をマイナス金利であっても購入せざるを得ないという理由もある。景気が低迷する中で,本来の貸出では利益が望めないと判断した金融機関は,相対的に安全な資産として国債を保有することになる。

5.5.3 利子率と利回り

金融資産を考える上で,利子率と利回りは区別する必要がある。社債や国債では,額面に記載された金額に対して満期に支払われる利子が記載されて

おり，それにより利子率が決まる。たとえば「100万円に対して1年後に5万円の利子が支払われる」という社債の場合，利子率は年5%である。

この社債が市場で取引されている場合，市場での購入額が100万円であれば利子率も利回りも年5%ということになる。しかし市場では，額面に記載された金額で取引されるとは限らない。たとえば，もしこれを市場で102万円で買ったのであれば，利回りは$[(5-2)/102] \times 100 = $年2.9%となり，記載された利子よりも低くなる。もしこれを97万円で買ったのであれば，$[(5+3)/97] \times 100 = $年7.2%となり，額面の利子よりも高くなる。

額面の金額(今回の場合は100万円)より高い価格で取引されていても，利子を含めた金額(105万円)よりも低ければ，他の金融資産で運用した場合の利回りを無視すれば一応プラスの利回りが確保できるが，他によい運用機会があるならば，これは実質的にマイナスとなる。逆に，他にプラスの運用機会を見いだせないのであれば，たとえ利回りがマイナスであっても，投資家にとっては利益がでるかもしれない[6]。

5.5.4 長期金利と短期金利

10年物国債の利回りが，長期金利の基本的な指標となっている(図5.3)。国債の利回りを基準に，様々な長期的な貸出(たとえば住宅ローン)の金利が決まる。銀行からすれば，国債利回りが十分に高く，住宅ローン金利が低ければローンによる貸し出しを減らして国債を買おうとするし，逆であればローンによる貸し出しを増やそうとする。そのような裁定メカニズムによって長期金利が決まると考えられる。

利回りは，国債の価格が上昇すれば低下し，逆は逆となる。国債は額面金額と表面利率が固定されているので，満期時の元金に利子を加えたものは固定されている。したがって，国債が取引される市場において安く手に入れられれば利回りは高く，高い価格で手に入れると利回りは低くなる。人々が積極的に国債を買おうとすれば国債の取引価格は上昇し，その結果利回りは低下する。逆のメカニズムが働けば利回りは上昇する。

---

[6] あるいは前項で学んだことを利用すれば，デフレ下では名目利回りがマイナスでも実質的にはプラスという場合もある。

図 5.3　10 年物国債金利

　国債を積極的に買おうとするかどうかは，他の金融資産や貸し出しへの魅力に依存する。他の魅力が低下すれば国債への需要が増えることとなる。日本において，莫大な国債発行額に対して金利の急騰が起きない原因は，国債への需要が低下しないことにあるといってよい[7]。

　長期金利については市場で決まるのが原則であるが，短期，あるいは超短期の利子率については，中央銀行が短期資金市場に政策的に介入することによって変動する。代表的な指標である**無担保コールレート**（金融機関の間で翌日返すことを前提とした貸し借りを行う際の金利，図 5.4 参照）は，日銀が市場に資金を供給するか否かによって変動するので政策目標となっていたが，最近の金融政策ではむしろ日銀当座預金残高が目標となっている。

5.5.5　低金利政策のメリット・デメリット[8]

　1997 年に日本を襲った金融危機以降，力強い回復傾向が日本経済に見られず，その一方でリーマンショックやギリシャ危機，東日本大震災など日本経済には様々な難問が降りかかった。その間，利子率を低く抑える低金利政策が続けられた。

　利子は，借りる側からすれば費用であり，負担である。利子率が高くなれ

---

[7] 日銀が異次元緩和政策の 1 つとして，大量に国債を購入していることもあげられる。
[8] 金融政策については第 6 章でも紹介する。

5.5 利子率の働き

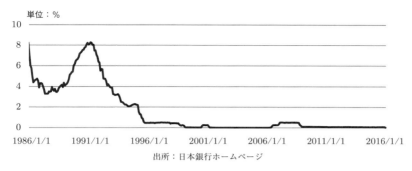

図 5.4　短期金利：無担保コールレート

ば，資金の融通を受ける企業にとっては費用負担の上昇，また住宅を購入しようとする消費者にとっても実質的な住宅価格上昇につながる。したがって，中央銀行による低金利政策は景気が低迷している際には有効な手段となり得る。逆に景気が低迷しているときに金利がさらに上昇するようなことになれば，景気へのさらなるマイナスの影響を引き起こしかねない。

しかしながら，これだけ長期間の低金利が続くことにも問題はある。市場メカニズムの基本は，「価格メカニズムによって資源の効率的配分を達成すること」にある。たとえば通常の財で考えれば，消費者の多くが望まない財は需要が減り，それが価格の低下を引き起こし，その価格では利益をあげられないことで企業は生産をやめる。企業の倒産ということで一見すると危機的な出来事のように感じられるが，人々が必要としないものの生産が抑えられていると考えれば，限られた資源の中で生きる我々にとっては望ましいといえる。それに対して金利が長期間低く抑えられると，人々が望まない財を生産する企業がいつまでも生き残ることにつながりかねないので，長期的には資源の浪費となる。

また低金利が続くと，利子生活者や運用益を保険金の支払いにあてている保険会社などは経営が厳しくなる。2016 年 1 月にマイナス金利が実施された際には，銀行業績への影響が懸念された。低金利のメリットも数多くあることは確かであるが，総合的に見てメリット・デメリットのどちらが大きくなるかは注意深く見守る必要があるだろう。

6
貨幣と日本銀行の役割

　経済の血液である貨幣の量をコントロールするのが中央銀行の役割である。日本の中央銀行は日本銀行であり，日本銀行が国内唯一の発券銀行である。
　この章では，そもそも貨幣とは何かという議論からはじめ，日本銀行の役割を探ることにする。

6.1　貨幣とは何か

6.1.1　貨幣の3つの機能
　貨幣には，3つの機能がある

　(1) **取引を促進する貨幣**　　貨幣は取引を促進する。経済循環の図1.4を思い出そう。モノの流れが発生してはじめて価値が生まれ，人々は豊かになる。その流れを作り出すのが貨幣である。経済を人間の体ととらえれば，血液の働きをするのが貨幣である。人間の体でいえば各部位であるが，経済でいえば各主体(生産者や消費者)のもとにモノをおくり，それらが消費者の満足度を高めたり，生産に貢献したりする。

　(2) **価値基準としての貨幣**　　モノとモノとの交換を仲介するのが貨幣の機能であるが，どれくらいの比率で交換したらよいかを知るために，それぞ

れの財の価値を示すための道具となる。交換比率は「価格」であるが，価格の単位を決めるのが貨幣である。たとえば日本国内ならば，「＊円」という表示がなされるが，各財の円表示を定めるのは貨幣である。

交換手段である貨幣も一種の財であるから，貨幣の価値も重要である。貨幣が多くの人の手元に有り余っていれば，貨幣の価値は下がり，円表示も大きなものとなる。逆に手元に少なくなっていれば，円表示は小さくなる。前者はインフレ，後者はデフレに対応する。

あらゆる財の価格，人々の賃金，貯蓄など，円にまつわる表示の単位が切り替えられただけであれば，価格表示の切り替えのためのコストを除けば経済に対する影響はないといってよい。しかし通貨価値の変動によって引き起こされる価格の変動，すなわちインフレやデフレは，深刻な影響を経済に与える。したがって貨幣を供給する主体である中央銀行は，通貨価値の安定を重要な政策目標としている。

(3) 異時点間の資産移転のための貨幣　　即座に物々交換が行われるような場合を除けば，あらゆる取引は時間的ずれがある。したがって，「取引を促進する」の役割と異時点間の資産(購買力)の移転としての役割には共通性がある。

「いまは必要ないけれど，将来は必要となる予定がある財」を購入する場合や，「ある財をいま欲しいのだが，いまは購入する資金はない。しかし将来は利子を付けられてもかまわないほど十分にその資金が手に入る当てがある」というような場合，貨幣を用いることで，異時点間の調整が可能になる。

購買力を将来に移転する際，ただ貨幣として持っていてもかまわないが，「利子をつけて将来返すことになっても，いま貨幣が必要である」という人に貸すことができれば，ただ持っている場合よりも得をする。これが金融の役割である。将来の出来事には不確実性が伴うから，リスクとリターンの組み合わせによって様々な金融商品が開発され，それが金融市場の発展へと結びついている。

これら3つの役割は密接に結びついており，また抽象的な意味での金融の

役割を象徴している。貨幣がなければ取引は非常に少なくなってしまうし，その取引の基準になるのは貨幣の表す価値である。また取引は時間のずれを伴うが，そのずれを埋めるのは貨幣である。もちろん，時間のずれを埋めるモノは貨幣以外の金融商品も考えられるが，金融商品を貨幣に変え，さらにそれを消費する財に変えることが最終的な目標になるはずなので，やはり貨幣は重要になる。

6.1.2　信用創造メカニズム

いまある人が，1億円の現金を何らかの理由で受け取ったとする（図6.1）。これをA銀行に預ければ，「1億円」が預けた人の預金通帳に記録され，「1億円の預金」が生まれたこととなる。A銀行は1億円を預かっているだけでは，預金者に利子を払うことができない。銀行は，貸出を行って利子を稼ぐことで，預金者に利子を支払うと同時に自らの収入とするのである（貸出利子＞預金利子となっているのは，銀行側の収入が含まれるからである）。

全額貸し出してしまうと，預金者が預金の一部を引き出そうとしたときに対応できない。したがって一部を残して企業1への貸出にまわす。簡単化のために，預金額の10%を準備として手元に残し，残りの9000万円を貸出にまわすとしよう。企業1はそれをすべて企業2への支払にあてたとしよう。企業2は受け取った代金をとりあえずB銀行へと預金すると仮定する。9000万円の現金の受け渡しは非現実的なので，A銀行からB銀行の口座へと送金されたと考えてもよい（図6.1）。

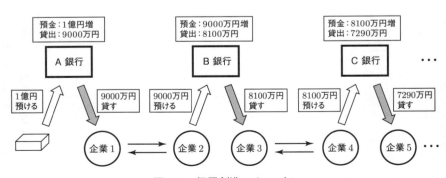

図6.1　信用創造メカニズム

これにより，新たに9000万円の預金が創造された。この時点で，1億円の現金が1億9000万円の預金を生み出したことになる。

さらにB銀行が企業3へと8100万円を貸し，それが同額の預金をC銀行につくり出すことで，合計2億7100万円がうまれた。このプロセスが繰り返されることによって，最初の現金の数倍もの預金が生み出されることとなる。これを，**信用創造メカニズム**と呼ぶ。

預金の増加は，貸出資金の増加となるので，経済活動を活発にすることにつながる。信用創造メカニズムを利用して，中央銀行は一国の貨幣供給量，さらには経済活動をコントロールする。

6.1.3 マネーストック

日本経済における貨幣供給量を表すマネーストックは増加を続けているが，その伸び率は1990年頃を境に大きく変わる（図6.2）。それ以前は10%

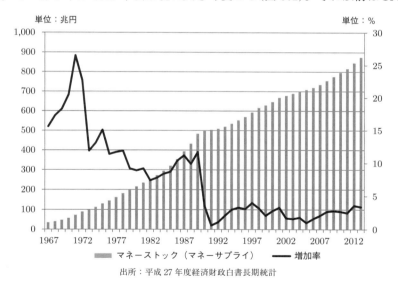

出所：平成27年度経済財政白書長期統計

図6.2 マネーストックとマネーストック増加率の推移

マネーストックは，1998年以前はマネーサプライ統計におけるM2＋CD（外国銀行在日支店等を含まないベース），1999年以降2003年以前はマネーサプライ統計におけるM2＋CDの値。2003年以降はマネーストック統計におけるM2の値。それぞれの期間における月平残の平均値。

以上が当たり前で、ピーク時の 1972 年には 26.5% の増加率となった。ところが 1991 年に増加率が 3.6% に落ち込むと、それ以降は 5% にもならない時期が今日まで続いている。

6.2 日本銀行の役割と金融政策

6.2.1 中央銀行の役割

一国において、通貨供給量をコントロールするのは、中央銀行の役目である。日本では日本銀行がその役割を担い、米国は FRB (連邦準備制度理事会)、欧州は ECB (欧州中央銀行) がそれにあたる。

中央銀行は、「一国経済の安定」をその目的とするという点で高い公共性をもつ機関であるが、政府の一機関ではない。むしろ政府からの独立性が中央銀行に求められる。たとえば、政府が中央銀行に対してさらなる景気刺激策を求めた場合であっても、そのタイミングでの景気刺激策がインフレを加熱させると中央銀行が判断するならば、中央銀行は政府の要求を受け入れる必要は全くない。そもそも貨幣の発行を任されている機関を政府が取り込んでしまうと、財政に歯止めがかからなくなり、貨幣価値の下落、激しいインフレをもたらすからである。日本では 1998 年に日銀法が改正され、日銀の独立性が強まることとなった。

日本銀行も中央銀行であるから「経済の安定」が最大の目的であるが、具体的には**物価の安定**と**金融システムの安定**である。「物価の安定」とは、通貨価値の安定を意味し、過度のインフレ、デフレを起こさないことである。インフレ、デフレの問題点についてはすでに第 4 章で説明したが、そのような問題を引き起こさないことが日本銀行の使命である。また「金融システムの安定」とは、決済機能を維持することである。銀行の機能で述べたように、企業間の取引は銀行を通じて行われることが圧倒的に多い。そのとき、銀行にトラブルが生じると、銀行を通じた取引が不可能となり、「取引が利益を生み出す」という経済の基本原理が破綻する。それを防ぐために、日銀は必要に応じて銀行に資金供給を行い、金融システムを維持する。

6.2.2 貨幣の機能と中央銀行

ここで改めて，貨幣の機能について述べてみよう。貨幣には，

(1) 価値尺度，(2) 一般的交換手段，(3) 価値保蔵

の3つの機能があるが，「金融の安定」と(3)の機能は密接に結びついている。もし貨幣がなければ，我々の暮らしは物々交換に基づくものとなる。すると，たとえば「労働の対価として受け取るもの」も消費されるモノしかなくなるので，たとえば食料品ならば，数日中に消費しなければならない。貨幣が存在すれば，労働の対価として貨幣を受け取ることで，労働が生み出した価値を将来に移転して利用することができるようになる。

ところが，もし(1)と結びついた「物価の安定」がなければ，価値保蔵の役割が崩壊する。たとえば今日5時間の労働の対価として5000円を受け取れるとする。それが今日使えばコメ20キロを手に入れられるのに，翌日はコメを1キロすら買うことができなければ，人々は貨幣に対する信頼を失い，常に貨幣をモノに替えようとする。誰も銀行に預けようとしないから，貸し出しも行われなくなる。すでに述べたように，銀行を通じた貸し出しは，貸し手にも借り手にも，さらに銀行にも利益になるはずだった。しかしそれが，貨幣価値の安定が失われたために失われることになる。このような事態に陥ることを避けるために，中央銀行は貨幣価値の安定，すなわち物価の安定を最優先課題とする。

6.2.3 金融政策の種類

20年ほど前の教科書を開くと，日本銀行の金融政策には，(1) 公定歩合操作，(2) 法定準備率[1]操作，(3) 公開市場操作，(4) 窓口規制，の4つがあると書いてある。このうち，窓口規制については1991年に廃止され，また公定歩合操作については，「公定歩合」という言葉すら，2006年以降公式には用いられなくなった。また，法定準備率操作も変動が少なく経済のコントロールとしての役割を果たしているとはいえない。ここ数年の主要な政策手段は，**公開市場操作**を通じた短期金融市場における資金量の調整である。

---

[1] 各銀行は，預金額の一定割合を下限とする額を中央銀行に預け入れることが法律によって定められている。その率のことを法定準備率という。

短期金融市場において資金が不足すると，日銀は市場から債券等を買い上げて資金を供給し，不足を賄おうとする。これを買いオペ（「オペレーション」の略）と呼ぶ。反対に，資金が余っている場合には，日銀は市場に債券等を売却することで資金を吸い上げる。このことを売りオペと呼ぶ。

　資金不足や資金余剰は，金利を通じて経済に影響を与える。金利が上昇すれば借り入れのコストが上昇するので，景気に対してマイナスの影響を与え，逆に下落すれば景気に対してプラスの影響を与える。しかし，2001年から2006年にかけて，日本では金利が限りなくゼロに近い水準になっても景気が上向かない状態が続いた。このとき日銀は，**量的緩和政策**と呼ばれる，金利を政策目標とせず，日銀当座預金残高を政策目標とする金融政策を実施した。いわゆるゼロ金利政策と呼ばれるものであるが，今回のサブプライムローン危機においても同様の政策が米国でも実施された。

　景気が悪いときには，「血液」の流れをよくするために資金供給（買いオペ）を行い（図 6.3），景気が過熱しそうなときは資金を吸収（売りオペ）する。銀行の立場からすると，資金供給によって手元の銀行が増えると，そのままでは利益を生まないので，貸出を行ったり，債券を購入する資金運用を行ったりする。それが経済の活性化につながる。逆に手元の資金が減れば，貸出等を行いにくくなるので，経済を引き締める。

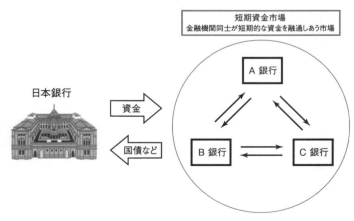

図 6.3　公開市場操作（買いオペの場合）の仕組み

6.2 日本銀行の役割と金融政策

バブル崩壊後のデフレが長期化し，2001 年からゼロ金利政策と量的緩和政策が組み合わされた金融政策が実施されるようになった。それまでは，公定歩合を上げ下げすることで，マネーサプライ（現在のマネーストック）をコントロールすることも頻繁に行われてきたが，景気が一向に回復しないため，利子率（正確にはコール市場での金利）は下限であるゼロに張り付き（図5.4），景気を回復させるために利子率をさらに下げることは不可能となった。そのため金融政策の手段としては，資金を供給することに主眼を置くようになり，各銀行の日銀にある当座預金の残高を増やす（それを通じて経済に資金を供給する）という政策がとられるようになった。

しかし，景気の回復は遅れ，マネーストックの伸びもよくない。信用創造メカニズムで述べたように，銀行が積極的に貸出を行わなければ市場にマネーが行き渡らず，経済は活性化しない。その点は，マネーストックの変化によってとらえられる。

6.2.4 信用創造メカニズムと金融政策

一国における貨幣の量を測る単位はいくつかある（表 6.1 参照）。以前は「マネーサプライ」という名称で主に M2 ＋ CD が貨幣量の基本単位となっていたが，2008 年以降，以前とは若干異なる定義の M2 を「マネーストック」と呼んで貨幣の量をはかる単位となっている[2]。

6.1.2 で，「現金 1 億円」をスタートとして信用創造メカニズムの説明をした。「現金 1 億円」に対応するものが，日本銀行による買いオペであり，信用創造メカニズムを経てマネーストックをコントロールすることとなる。したがって，日本銀行は買いオペ，売りオペのような政策によってマネーストックの水準に影響を与えることができるが，信用創造メカニズムは結局市場における経済活動によって実行されるものであり，日本銀行の政策がねらい通りの変動をもたらすとは限らない。その時々の経済情勢，市場参加者の将来見通しが金融政策の効果を決める。

日本銀行が直接コントロールできる指標をマネタリーベース（ハイパワー

---

[2]「貨幣供給量」の直訳というニュアンスでマネーサプライを使う人もいる。

表6.1 マネーストック統計の各指標

指標	対象金融機関	内容
M1	M2対象金融機関，ゆうちょ銀行，その他金融機関（全国信用協同組合連合会，信用組合，労働金庫連合会，労働金庫，信用農業協同組合連合会，農業協同組合，信用漁業協同組合連合会，漁業協同組合）	現金通貨＋預金通貨 ※ 現金通貨：銀行券発行高＋貨幣流通高 預金通貨：要求払預金（当座，普通，貯蓄，通知，別段，納税準備）－ 調査対象金融機関の保有小切手・手形
M2	日本銀行，国内銀行（除くゆうちょ銀行），外国銀行在日支店，信金中央金庫，信用金庫，農林中央金庫，商工組合中央金庫	現金通貨＋国内銀行等に預けられた預金
M3	M1と同じ	M1＋準通貨＋CD（譲渡性預金）＝現金通貨＋全預金取扱機関に預けられた預金 準通貨：定期預金＋据置貯金＋定期積金＋外貨預金
広義流動性	M3対象金融機関，国内銀行信託勘定，中央政府，保険会社等，外債発行機関	M3＋金銭の信託＋投資信託＋金融債＋銀行発行普通社債＋金融機関発行CP＋国債＋外債

出所：日銀ホームページ

ドマネー）と呼ぶ。マネタリーベースは，市中に出回っているお金である流通現金（「日本銀行券発行高」＋「貨幣流通高」）と「日銀当座預金」の合計である。とくに日銀当座預金については，近年の量的緩和・異次元緩和により急速に拡大している（図6.4, 6.5）。

これが本当にマネーストックの増加につながっていれば，日銀の金融政策に効果があったといえる。それについては，**貨幣乗数**（あるいは**信用乗数**）とよばれる以下の式によって求められる値によって判断するのがよい。

$$貨幣乗数 = マネーストック/マネタリーベース$$

この値が大きければ，1単位のマネタリーベースの増加が大きなマネーストックの増加につながったといえるので，信用創造メカニズムによる波及効果も大きいと言える。逆にこれが小さいということは，量的緩和等の政策にあまり効果がないと言える。

図6.6を見ると，70年代後半から乗数は増加し，バブル期にかけて12前

6.2 日本銀行の役割と金融政策

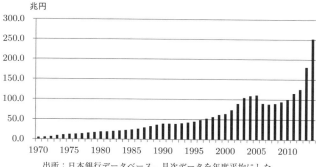

出所：日本銀行データベース。月次データを年度平均にした。

図6.4　マネタリーベース年度平均残高

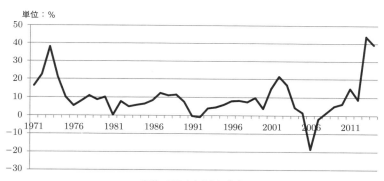

出所：図6.4をもとに作成

図6.5　マネタリーベースの変化率

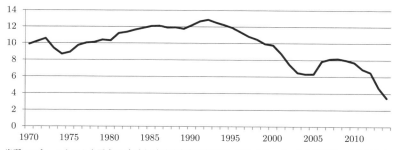

出所：マネーストックを平成27年度経済財政白書長期統計，マネタリーベースを日銀データより集め，貨幣乗数の計算式にあてはめた。

図6.6　貨幣乗数の推移

後であったが，その後急速に下落，2013年からは4を下回るようになっている．好景気の間は乗数は増加するが，不景気になると下落，また近年は異次元緩和の影響もあってマネタリーベースの伸びにマネーストックの伸びが追いついていないことがわかる．

6.2.5　IS-LM 分析と金融政策の効果

3章で紹介した IS-LM 分析を用いて，金融政策の効果に関する伝統的な分析について説明する．

金融政策において中心的な役割を果たすのは，中央銀行による買いオペや売りオペである．それらによって日銀当座預金を変化させることを通じて，市中に出回る貨幣の量(マネーストック)を変化させ，景気を刺激したり引き締めたりするのである．

マネーストックの変化は，IS-LM 図における LM 曲線の変化に反映する．LM 曲線は

$$\frac{M}{P} = L_1(Y) + L_2(r)$$

と表される．この左辺の M がマネーストックにあたる．図6.7に示すように，物価水準 P が一定であれば，M の増加(マネーストックの増加)は LM 曲線を右にシフトさせる．拡張的な金融政策によって経済にマネーストックが増加すると，LM 曲線が右にシフトし，その結果均衡 GDP は増加，均衡利子率は低下する．

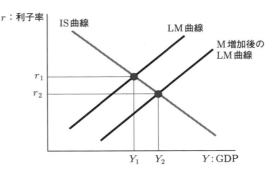

図 6.7　IS-LM 分析と金融政策の効果

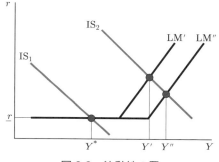

図 6.8 流動性の罠

　以上の説明は，マネーストックの増加が経済を拡大することを可能にする場合である．しかし，図 6.8 のようなケースでは，LM 曲線の右へのシフトは，IS_2 では均衡 GDP の増加につながるが，IS_1 では増加につながらない．このような状況を流動性の罠と呼ぶことがある．

　流動性の罠とは，いくら貨幣供給を増やしたとしても利子率が下がらず，均衡 GDP が増えない状況である．利子率が下限といえる水準にはりついているため，誰もが将来の利子率上昇を予想する．その結果あらゆる債券の割引現在価値が低下するため，人々は債券投資をすることなく，貨幣の保有に走る．貨幣を保有するだけなので，均衡 GDP も上昇しないというのが典型的な説明である．このとき金融政策は手詰まりとなる．

　1990 年代以降，巨額の財政赤字を先進各国が抱えたこと，また財政政策の非効率性と市場メカニズムの優位性が支配的になったことを受けて金融政策を重視する考え方が主流となっていたが，日本での 1990 年代，リーマンショック以降の米国などでも，金融政策の限界が指摘されるようになった．流動性の罠はその象徴的な現象である．この点についてはもう少し詳しく述べてみたい．

6.3　日銀の金融政策について

6.3.1　裁量的金融政策

　1930 年代に登場し，1960 年代に隆盛を迎えたケインズ経済学の影響は，政

府や中央銀行の経済への積極的な関与を肯定するものだった。つまり，不況期には金融緩和をはじめとする金融緩和，好況期には加熱を抑えるための金融引き締めを行うという形で裁量的に政策を実行するものである。財政措置には国会の議決を必要とするなど意思決定に時間がかかり，また引き締め時には増税が伴い，政治的な思惑から実行しにくいことがある財政政策に比べて，金融政策は中央銀行の決断によって機動的に対応できるので，その役割はより重要であった。それらの理論的根拠となったのが IS-LM 分析で紹介したマネーストック (M) のコントロールである。

IS-LM 分析は，消費関数，投資関数，貨幣需要関数などに基づいてモデルが組み立てられている。それぞれに関する分析も豊富にあるが，それらのミクロ経済学的な根拠，すなわち将来に関して予想を行う合理的な経済主体の行動とどのように結びつけるかという点で伝統的なモデルは多くの批判を受けることになった。利子率が下がれば投資が増えるというのはあまりにも単純ではないか。貨幣乗数を安定的と考え，中央銀行がハイパワードマネーによってマネーストックを直接コントロールできると考えてよいかなど，様々な問題点がある。以下では，近年のインフレターゲティングや時間軸政策などと関連のある，時間的非整合性問題について解説しよう。

6.3.2 時間的非整合性問題

簡単な例

時間的非整合性問題とは，ある時点で最適となる意思決定が，最初の時点とその時点とは異なるという問題である。最適制御理論に従えばそのようなことは起きないはずなのであるが，いわゆるゲーム理論的状況下ではこのようなことが起きてしまう。

こんな例を考えてみよう。大学教員としては，自分の講義を履修している学生が一生懸命講義に取り組んで知識を身に付けてもらうことが何よりも望ましいし，学生にとっても知識を身に付けこといは意義がある。しかし何もしなければ学生はサボろうとするので，学期末に試験をすることになる。しかしもし受講者が多ければ，採点の手間だけでも大変である。つまり，教員にとって一番望ましいのは「学生が一生懸命勉強し，試験をしない」とい

6.3 日銀の金融政策について

う状況であるが，試験をしなければ学生が一生懸命勉強しないのであれば，試験をせざるを得ない。

ここで，学生に勉強させるために教員が「試験をするからちゃんと勉強しなさい」と事前にアナウンスしたとする。それを信じた学生たちが一生懸命勉強したことがあきらかだったとすると，教員にとっては学期末に試験をしない，というインセンティブが生じる。もし学生がこのような教員の行動を読んだとすれば，学生は誰も勉強せず，知識を身に付けてもらうことはできなくなる。このような事態を避けるには，教員は「試験をしない」という選択肢がとれないように，自らを縛る必要がある。このように，選択を狭めることで自らの利益を上げることを，「コミットメントを与える」という。

この例における時間的非整合性の意味は，「学生が勉強する」ために必要であった（最適であった）「試験をする」という教員の選択が，学生が勉強するを選んだあとでは最適な選択とはならない（非整合である）ことである。これにより，学生に「勉強する」を選ばなくさせることにつながることを示している。

インフレバイアスのかかる金融政策

1980 年代くらいまでは先進国の政策担当者が恐れたのはインフレーション，あるいは景気低迷を伴うインフレーションであるスタグフレーションであった。その頃の状況を踏まえたマクロ経済政策における時間的非整合性問題について，簡単に紹介する。

図 6.9 を見て欲しい。いま経済環境が下側のフィリップス曲線

$$\pi = a(u^* - u)$$

で表されるとする（π はインフレ率，u は失業率，u^* は自然失業率，a は負のパラメータ）。これは，インフレ予想がゼロであることと整合的なフィリップス曲線である。

日銀が，自分たちは「u^* の失業率となってインフレがゼロとなるような A 点を目指す政策運営を行う」とアナウンスしたとするが，実際には「u^* では失業率が高いので，B 点のような政策を望む（①の動き）」ことが民間経済主体に予想されているとする。つまり日銀が，アナウンスしているレベルより

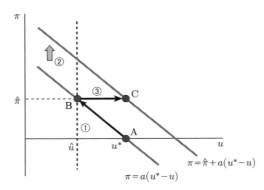

図6.9 人々の予想の変化とインフレ

も,たとえ $\tilde{\pi}$ のようなインフレ率となったとしても,自然失業率よりも低い $\hat{u}$ のような失業率を好んでいると見なされているとする。

すると,民間経済主体のインフレ予想はゼロではなくB点と整合的な $\tilde{\pi}$ となる。その結果,フィリップス曲線は上にシフトする(②の動き)。このとき,当初望んでいたB点の組み合わせはもちろん,A点のようなインフレ率ゼロと自然失業率のような組み合わせも選べなくなり,失業率を下げたければ一層のインフレ,あるいはせいぜいC点を選ぶことしかできなくなる(③の動き)。

理論的な分析によると,政策主体がある種の意思決定ルールにコミットメントを与えることができれば,C点よりも望ましい点を選ぶことができる[3]。つまり,ここでの問題は日銀が過剰なインフレバイアス政策をとらないことにコミットメントを与えることができないために,かえって事態を悪化させるという時間的非整合性問題が生じていることである。

デフレとの闘い

近年の日銀による様々な政策は,人々の期待への働きかけを重視するもの

---

[3] Barro and Gordon (1983) Rules, Discretion and Reputation in a Model of Monetary Policy, Journal of Monetary Economics, 12, 101-121. ただし,民間経済主体と金融政策主体の継続的な関係が考慮されているので,ここで考えているものとは若干異なる世界である。

6.3 日銀の金融政策について

である。アベノミクス第1の矢として挙げられた「大胆な金融政策」とは，2％のインフレ目標を設定し，そのために**異次元緩和**と呼ばれるような大胆な金融政策を次々と打ち出すことである。

インフレ目標を設定し，それが達成されるまであらゆる政策を行うという政策はインフレターゲティングと呼ばれ，すでにいくつかの国で実際に行われているものである。中央銀行は政府に比べ，通貨価値の安定を目指しインフレを避ける政策をとりやすい[4]。したがって，少しでも景気回復の兆しが見えれば，日銀が再び引き締めの政策をとり，また景気が悪化するのではないかという懸念を持つことになる。その結果，中途半端な金融緩和政策では民間はインフレ予想を変化させず，そのことが景気の回復を遅らせる（あるいはデフレからの脱却を遅らせる）ことになる。

第4章で述べたように，デフレは経済に対して悪影響を及ぼす。デフレからの脱却には人々のインフレ予想を変化させることが不可欠である。物価水準の引き上げには総需要曲線をシフトさせることが必要になるが，そのために需要を拡大させるには，将来のインフレを予想させる必要がある。そのような予想の変更には，「大胆」ともいえる金融緩和と，それを継続する意思（目標達成までは政策を変更しない）が重要となる。

この項を執筆している現在（2016年9月）も，中国をはじめとする世界的な景気低迷や原油価格の下落などもあって目標の達成は先延ばしを続けている。景気低迷の影響でついには2016年1月に入り，マイナス金利政策まで取られることとなった。マイナス金利は企業の資金調達だけに注目すれば景気刺激策といえるが，銀行の利益を圧迫し，長期金利の低下が保険会社や年金の運用を不利にする。もちろんこのようなマイナスの側面も，企業の設備投資が活発になることや住宅投資によって景気が回復し，次第に利子率が上昇することにもつながるだろう。しかし，設備投資については「そもそも将来性のある投資機会が存在するのか」という不安もあり，あまり見通しは明るくない。

---

[4] 反対に政府は，選挙を考慮に入れた政策を行いがちであるため，インフレを軽視する政策をとりやすくなる。中央銀行がインフレを避ける政策を重視するのは，ある意味でその独立性が確保されていることの証左であると言えるだろう。

7 バブル経済からアベノミクスまでの金融政策

5章, 6章を通じて, 日本の金融の側面について解説してきた。これまでの議論をふまえ, 1980年代後半のバブルの発生から崩壊, 平成不況と呼ばれる長い道のり, そこからの回復とリーマンショック, アベノミクスの時代までを眺めていくことにしよう。この時代は, 様々な面で経済における金融の役割の重要性を見いだすことができるからである。

7.1 バブル経済

1980年代後半に起きたバブル経済については, 何よりも株式と地価の暴騰, それが「資産効果」をもたらして空前の好景気の時代を生み出したことがあげられる。

7.1.1 資産市場の不安定性

株式をはじめとする金融資産や不動産の取引の行われる場も市場であるから, 株式や土地の値段である「株価」「地価」も需要と供給で決まる。好況期には企業は利益を出しやすいから, 株を買って配当を受け取ろうと考える人が増える。その結果株に対する需要が増え, 株価は上昇する。逆に, 不況期には企業が利益を出しにくくなり配当が見込めない, あるいは倒産する可能性が上昇するので, 株を売って現金や他の金融資産に替えようとする人が増えるので, 株に対する需要が減り, 株価は下落する。また土地についても,

7.1 バブル経済

好況期には取引が活発となり，地価は上昇，逆の場合には逆となる．

第1章で紹介したように，通常の財であれば，超過需要があれば価格は上がり，それが売り手を増やして超過需要が解消，次第に価格は下落していく．また超過供給があれば価格が下がり，それによって買い手が増えることで超過供給は解消する．しかし株式市場や土地市場の場合，下がりだすと「さらに下がるのではないか」と売る人が増えたり買う人が減ったりすることで超過供給が拡大し，株価や地価は一層下落する．また上がりだせば皆「しばらく上がり続けるのではないか」と買う人が増えたり保有し続けようとしたりする人が増えることで超過需要が拡大し，株価・地価はさらに上昇する．もちろん現実はこの説明ほど単純ではないが，不安定性を抱えていることはあきらかである．

7.1.2 バブルの形成と崩壊

このような株式をはじめとする資産市場の不安定な動きを端的に示すものとして，日本における1980年代後半からの株価の急上昇とその後の下落の動きがあげられるだろう．

きっかけは1985年9月のプラザ合意である．1980年代前半，米国は経常収支の赤字と財政収支の赤字という「双子の赤字」に苦しんでいた．経常収支の赤字の解決を図ることを目的として，当時のドル高状態を緩和するため，日・米・西独・仏・英が協調してドル高を是正する方向で政策協調することに合意したことを，**プラザ合意**と呼ぶ．

この結果，為替相場は円高ドル安方向に進み，合意前は240円前後であった為替相場は一気に150円台へと高騰した．急激な円高によって日本は1986年以降いったん不況に陥り，これ以上の円高は米国の経常収支をかえって赤字にするおそれがあった．そこで先進諸国1987年にルーブル合意という形で米国の金利引き上げ，日本他の金利引き下げを行うこととした．その結果日本の公定歩合は2.5%という当時としては最低水準となった．この低金利こそがバブル経済のきっかけである．

1987年半ばには日本経済は回復基調を見せたため，本来ならばこのタイミングで公定歩合の引き上げを行えばバブル経済の発生はなかったと思われ

る。しかしながら，1987年10月17日にブラック・マンデーとして歴史に残る株価の大暴落が発生した。これに対しては各国が迅速に対応したことによって世界経済が危機に陥るようなことにならずにすんだ。

この後，日本の公定歩合の引き上げは為替市場の混乱を招くことが常に意識されることとなり，過熱した景気を抑制するための公定歩合の引き上げができなくなった。「永久低金利の神話」の完成である。

資産価格は，その資産を保有することによって将来にわたって得られる予想収益と，将来の何らかの時点でその資産を売却することによって得られる予想収益に分けられる。資産の売却価格がそれ以降も保有したことによって得られる予想収益に等しくなるのであれば，この資産価格はファンダメンタルズ（基礎的条件）を反映した価格であると言える。

しかしながら，資産価格はしばしば投機的な思惑によってそこから乖離する。それをバブルと呼ぶ。つまりバブルとは，その資産を保有し続けることで得られる収益以上の価格で他の誰かが買い取るであろうという予想に基づいて購入価格が上昇し，誰もが「誰かが将来高く買うであろう」と予想するために価格がつり上がる現象である。

「誰かが将来高く買うであろう」という認識が共有され，まるで打ち出の小槌のように「資産は将来確実に値上がりし，元は取れる」と誰もが信じるようになると，低金利のもとで収益機会を失っていた銀行は土地を担保とした過剰融資に走り，バブルを一層膨らませることとなった。この結果，大都市圏では一戸建てが年収の数倍という価格となり，マイホームはまさに「夢」となった結果，人々の不満が出るようになった。

1989年半ばから，日銀は公定歩合を2.5%から段階的に引き上げ，90年8月には6%にまで達した。1989年末に3万9000円近くをつけていた日経平均は1990年に入ると急激に下がり始めた。土地は金利の上昇だけでなく，1990年4月に導入された不動産関連融資の総量規制の影響によって，株価に遅れて下落し始めた。日本経済はとうとうバブルの夢から醒めたのである。

7.2 平成不況：不良債権問題

7.2.1 不良債権問題と金融機関の破たん

バブル崩壊をいつのタイミングで区切るかは難しい。株価の下落は1990年には始まってたが、地価の下落は1992年以降に顕著となる。これに伴い、日銀が再び緩和策をとり、またケインズ経済学流財政政策（総合経済対策）が打ち出されることで、弱いながらも回復傾向を見せた[1]。しかし不良債権問題が重くのしかかる1990年代後半の日本経済では、総合経済対策は力強い景気回復にはつながらず、むしろそれが今に続く国債の累増となっていった。

地価や株価が上がり続けるといった「神話」に基づく放漫な貸し出しは、1990年以降の株価、地価等の下落への転換によって不良債権化し、金融機関の経営に影響を与えた。いくつかの金融機関の破たんを招き、「貸し渋り」「貸し剥がし」といった言葉が生まれ、経済の血液となる資金のめぐりが悪化、景気の悪化へとつながり、それがさらに金融機関の経営を圧迫した。

度重なる財政政策で累積した国の借金を解消するために、1997年4月に消費税が3％から5％に引き上げられた。後から見ればこれは日本経済にとって大きなダメージを与えることとなった。1996年3月の駆け込み需要とその反動減により景気は低迷し、そこに1997年7月のタイを震源とするアジア通貨危機が加わり、1997年10月における大手金融機関（山一證券、北海道拓殖銀行等）の破たん・廃業、翌1998年の日本長期信用銀行の国有化、日本債券信用銀行の破たんにつながった。

7.2.2 ゼロ金利政策

政府としては、その間1998年に金融再生関連法案などを制定し金融機関の経営が悪化した場合の対策について制度を整え、不安感を払しょくしようとした。一方で、日銀はずっと公定歩合を0.5％や0.25％にとどめることで景気回復の支えとなろうとしていたが、すでに述べたような相次ぐ金融機関

---

[1] その点については、第2章4節の「景気循環一覧」を見ると、1993年10月に一応景気の底をうっていることからもわかる。

の破たんなど，バブルのツケは深刻であった。そして 1999 年 2 月には実効金利水準をゼロ％とするいわゆるゼロ金利政策を打ち出すこととなった。

　日銀の行動にはバブルの影響がうかがえる。というのもゼロ金利政策を実施してからしばらくすると，アメリカの IT バブルの影響を受けて日本は景気回復に向かう。それを受けて日銀は，疑問視する声がある中で 2000 年 8 月にゼロ金利政策を解除した。これは，ゼロ金利政策を続けることで再びバブルのような現象や，経済に非効率性がもたらされるという懸念があったからであろう。結局ゼロ金利の解除は景気を落ち込ませることにつながったので，2001 年 3 月にふたたびゼロ金利政策を採用した。

7.2.3　量的緩和政策

　名目金利がゼロにまで低下すると，「利子率を引き下げて投資を促すことで経済を刺激する」という伝統的な金融政策は手詰まりとなる[2]。日銀はこれ以降，**量的緩和政策**と呼ばれる公開市場操作（買いオペ）によって金融機関の当座預金に資金を潤沢に供給し，それが貸出にまわることで景気の回復をはかるという政策に切り替えることとした。これ以降，一時的に（2006 年 3 月からリーマンショック後まで）無担保コールレートが政策目標となる時期はあったが，基本的には量的緩和（＝日銀当座預金を通じたコントロール）が金融政策の中心となる。

　しかしこの政策は，「低利であれば企業等の資金需要は旺盛である」「調達コスト（＝金利）が低ければ，銀行は積極的に資金を貸し出す」という前提に基づいている。経済に関する見通しが立ちにくい状態では，企業も資金を借りて積極的な投資を行うことはないだろうし，銀行もリスクのある貸出には積極的に動けない。多くの論者が言うように，金融政策は引き締め政策としては効果を発揮することが多いが，将来に対する不安がある場合に刺激策としての効果には限界がある。

---

[2] 2016 年 1 月に実施されたマイナス金利政策については後で述べる。

7.3 リーマンショック・ギリシャ危機と日本の金融政策

7.3.1 サブプライムローン問題とリーマンショック

　世界経済を襲った21世紀最初の経済危機はリーマンショックである。リーマンショックの引き金となったサブプライムローン問題には，証券化とグローバル化という近年の金融市場の抱える問題点が含まれている。その点について説明する。

　2001年にいわゆるITバブルが崩壊し，FRBは景気対策として利下げを行った。これがそれに続く住宅バブルのきっかけとなった。住宅バブルは「住宅価格が今後も上昇し続けるであろう」という予想を市場関係者・購入者側に生み出し，住宅価格の上昇を前提として購入した住宅を担保としたローンが住宅ローン会社によって貸し出されるようになった[3]。

　住宅価格が上昇することが本当に決まりきったことであるならば，買う側からすれば，もしローンを自らの収入で払いきれなくなっても売ればよい（儲けすら出る可能性がある）ので，購入に積極的になる。住宅ローン会社は値上がりする住宅を担保にしておけばローンを回収しそこなうことはない。住宅市場の過熱は住宅価格の上昇を期待させるには十分であり，サブプライム（信用度の低い貸し手）であっても，住宅販売会社は売ることだけを考えればよいし，住宅ローン会社は貸すことだけを考えればよかった。

　「値上がりすることが決まっている」などということは本来なく，貸し出す側もそれなりに慎重になる必要があったのだが，（今となっては）なお悪いことに，住宅ローン会社が住宅ローン債権を証券会社に販売，それを証券会社が証券化するというからくりが生まれた。住宅ローン会社側からすると，債権を証券会社に売ってしまえば自らがローンが焦げ付いたときのリスクを背負うことはない。証券化によってリスクから切り離された住宅ローン会社はさらに貸し出しを増やそうとし，それが住宅市場を一層加熱させた。

　また大数の法則を利用した新しい金融商品があった。リスクの高い借り手について個々のレベルでは焦げ付くリスクは存在する。しかしリスクの高い

---

[3] この構図は1980年代後半の日本のバブル経済と本質的には同じである。

借り手をかなりの数集めれば、個々の借り手が返済不能に陥る確率が独立に決まるのであれば、「少なくともこれくらいの割合は100％焦げ付かない」「これくらいの割合が焦げ付く可能性は50％」「全員が焦げ付かない可能性は10％」といった具合になるので、それぞれのリスクに応じて配当が決まるような金融商品を作れば、安全と言える資産すら作れるのである。

また、これらの金融商品をもとにした新たな金融商品も作り出され、世界中に（まさに）ばらまかれた。それぞれの商品は複雑に絡み合い、それぞれがどの程度のリスクなのかは全くわからない状況となった。そのような危険な商品が売れることは信じがたかったが、そこに格付け会社が情報不足の中で「お墨付き」を与え、危機が拡散した。

2006年にFRBが金利の引き上げを行う。その結果サブプライムローンが多数焦げ付き始める。それが複雑に絡み合った証券化商品の暴落、金融機関の経営悪化を招く。また複雑に絡み合っていることで被害額もよくわからず、誰が大丈夫で誰が危ないのかもわからない状態に陥った。

2007年にBNPパリバが参加の3ファンドの解約を凍結。続いて米国において2008年の春から夏にかけて次々と米国の大手金融機関が経営危機となった。疑心暗鬼の状態が市場で継続すれば世界中の金融市場が干上がりかねない。そこで米国政府は、公的資金援助等によって疑心暗鬼を払しょくしようとした。この点は日本において、2003年にりそな銀行に公的資金の注入を行い、経済全体に甚大な被害を与えうる際には政府がなんとかするという安心感を市場にもたらそうとしたことと似ている。しかし、莫大な利益を得てきた大手金融機関が「公的資金の援助」によって救われ、またそれらの経営者が巨額の退職金を得ている（それが契約である）ことに人々の不満が高まる。

2008年9月、リーマン・ブラザーズが経営破たんした。それ以前は、救済されていたにもかかわらず救済されなかったことで市場の不安はさらに高まる。さらにこの衝撃への対策とした公的資金の投入を実施する法案が議会で否決され、世界経済はまさに窮地に陥った。その後、修正された法案が可決、また世界各国で競うように量的緩和政策が実施され、世界経済崩壊につながることはなかった。

7.3.2 債券市場と格付け会社

サブプライムローン問題拡大の原因の1つとなった格付け会社とは何か。

格付け会社とは，企業や証券会社の発行する社債等の債券や金融商品に関して，その債務履行の可能性に関してランク付けすることで投資家に情報提供を行う機関のことである。世界的にはS&P，ムーディーズ，フィッチなどが有名だが，日本にも，日本格付け研究所と格付け投資情報センターの2社がある。

企業は社債を発行して資金調達する場合に，格付け会社に自社の格付けを依頼することで，債券市場で債券が発行しやすくなる。したがって，企業側にも格付け会社を利用するメリットがある。社債に限らず，その他の金融商品の格付けも行い，それがその商品の価格にも影響を与える。

大手格付け機関による国債の格付けは，あたかもその国の信用を測るものと見なされることすらある。2002年に日本の国債の格付けがアフリカの途上国並みの格付けになったときには大きな話題となった。

しかし2008年のリーマンショックは，格付け会社に対する信頼を大きく失わせることとなった。リスクが複雑に組み合わさった金融商品をあたかもリスクの小さいものであるかのように評価し，それによって危機が世界中に拡大したからである。どんな債券にもリスクはあるので，その債券が債務不履行になることは問題ではない。問題は，リスクをよく理解せずに高い評価を出していたことが明らかになった点である。

個々の投資家レベルで情報を集めることが困難である以上，今後も格付け会社の役割は必要なものと考えられるが，発行体としての企業の利益と投資家の利益の間をどのように調整するのかは，難しい問題となるだろう。

7.3.3 輸出依存型日本経済への影響

長く続いた不良債権問題からやっと立ち直りを見せていたような日本の金融機関は証券化商品をあまり購入していなかったので，「直撃」という形で被害を受けることはなかった。しかし日本経済全体で見ると，輸出依存型で「失われた20年」以降の立ち直りをはかってきた日本経済は，米国の景気の落ち込みによって大打撃を受けることとなった。

日銀は，さらに大規模の量的緩和政策を採用し，資金供給手段として国債の買い入れ以外にも CP や社債を担保とする貸し出しや，株式の購入なども用いることとなった。この時期，世界的な金融危機に対して日本が実施していた量的緩和政策が世界中の中央銀行で採用されることとなった。

7.3.4 ギリシャ危機

世界各国が金融危機への対応を行う中で，日本経済の回復の足取りは遅かった。また 2010 年にはギリシャの債務危機が起こり，再び世界経済は危機に見舞われた。きっかけは，ギリシャにおける 2009 年の政権交代によって明らかとなった財政上の「粉飾決算」である。ギリシャは EU 加盟国であり，加盟国に義務付けられた財政赤字の上限を大幅に上回る赤字が存在することが明らかとなった。

粉飾決算の怖さは，これは国家に限ることではないが，「何を信じてよいかわからない」という状況を作り出すことにある。ギリシャの国債は信用を失い，価格は下落（利回りは急上昇）した。この影響でギリシャ国債を保有する各国の金融機関はリーマンショックに加えてさらなる痛手を受けることとなった。IMF とドイツを中心とする EU 各国は，ユーロ圏経済を守るという目的もあってギリシャを支援しようと動いたが，それに伴うギリシャへの厳しい緊縮財政要求がギリシャからの反発を生み，2015 年 1 月には IMF や EU が要求する財政再建策への反発をスローガンとするチプラス政権が誕生した。

ギリシャの財政危機はギリシャにとどまらず，スペイン，ポルトガル，イタリア，そしてアイルランドにまで広がった。2015 年からはシリアからの難民問題，さらに 2016 年 6 月の英国での国民投票において，EU 離脱派が過半数を得て，近い将来英国は EU から離脱することとなった。EU 経済は予断を許さない状況にある。

7.4 アベノミクスと日銀の金融政策

7.4.1 アベノミクスの第1の矢

2012年末に第2次安倍政権が発足し，その3ヵ月後の2013年3月，日銀総裁に黒田東彦氏が就任した。そして，安倍内閣の経済政策であるアベノミクスの三本の矢の第1の矢として，日銀による大胆な金融緩和が打ち出された。これは単なる量的緩和ではなく**異次元緩和**と表現できる[4]。

2013年4月の金融緩和策では，（ⅰ）消費者物価上昇率の目標を2%とする，（ⅱ）マネタリーベースの倍増を目指し，年間60から70兆円を増やす，（ⅲ）イールドカーブの低下を促す。単に短期の利回り（利子率）を下げるだけでなく，短期・長期全体の利子率を下げること目指す，（ⅳ）新たな金融商品の購入（ETF等），が示された。

この中でなぜ2%を目指すのかについて黒田総裁は，1) 消費者物価指数には上方バイアスがあるので，若干高めに設定する必要があること，2) 1%程度ではすぐにゼロ近傍に陥るのでそのための「のりしろ」を含むものとして2%，3) 多くの中央銀行が2%を採用しているので，グローバルスタンダードとしてそれにならう，といった理由を述べている[5]。

7.4.2 フィリップス曲線を用いた量的緩和政策の分析

ここで，フィリップス曲線の議論を利用して，量的緩和政策の意義について考えてみよう。いま日銀が，2%のインフレ率と自然失業率に近い水準の失業率を最適な水準と考えていたとしよう。2%については上記のとおりであるが，失業率については，自然失業率以下に失業率を抑えるのは政策的なコストが大きすぎると考えているとする。

時間的非整合性問題で考えたものと同じく，フィリップス曲線を

$$\pi = a(u - u^*) + \pi^e$$

とおく。また日銀が目標とするインフレ率を$\tilde{\pi}$とおく。今回の異次元金融

---

[4] 「黒田バズーカ」という表現も用いられた。
[5] 2014年3月20日黒田総裁講演資料より。

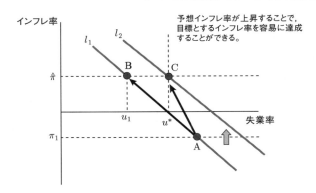

図 7.1　量的緩和政策とフィリップス曲線

緩和からいえば，この値が 2% ということになる。

　金融緩和前の経済状態を図中の A で表すことにしよう。フィリップス曲線は l_1 であり，インフレ率 π_1 はマイナス，失業率も自然失業率 u^* よりも高い。このとき l_1 は，$\pi = a(u^* - u)$ という，インフレ予想 π^e がゼロである状況である。

　フィリップス曲線が l_1 のもとでインフレ率を $\hat{\pi}$ にまでしようとする場合，失業率を自然失業率よりも低い水準にまで下げるような政策，図 7.1 でいえば A から B に経済を移動させる政策が必要となる。これは経済を「過熱」といえる状況にまで刺激する必要がある。しかし日銀がインフレ率を $\hat{\pi}$ にすることを民間経済主体に対して信用させることができるならば（すなわちコミットメントを与えることができるならば），フィリップス曲線は l_2 にシフトする。これは $\pi = a(u^* - u) + \pi^e$ において $\pi^e = \hat{\pi}$ となることに等しい。その結果，日銀がすべきことは A から C への移動となり，より現実的となる。また自然失業率であれば長期的にも維持できる。

　問題は，日銀が「インフレ率を $\hat{\pi}$ にするまで『なんでもやる』」ということにコミットメントを与えることができるかという点である。2000 年の初め，経済の立ち直りがまだ不十分と言える時期にゼロ金利政策から離脱し，その結果景気回復を遅らせてしまったという出来事があった。日銀がインフレに対して過度に警戒することを予想され，期待インフレ率が十分に上昇しないと実際のインフレ率を上昇させることも不可能になる。

7.4 アベノミクスと日銀の金融政策

7.4.3 マイナス金利政策

アベノミクスが打ち出されたことにより，為替相場は大幅な円安に向い，また株価も上昇した。しかしながら，すでに長い円高に対応してきた日本の企業にとって円安は輸入物価の上昇の効果のほうが(少なくとも初期は)大きく，景気回復にはつながらなかった。また消費者物価の水準もなかなか上向くことはなかった。そこで2014年10月，異次元緩和策の第2弾として，(ⅰ)マネタリーベースの増加幅を年間80兆円に増やす，(ⅱ)長期国債買い入れを増やす，(ⅲ)金融商品買い入れを増やす，という第1弾で示した策をさらに拡充することとした。

しかし，原油価格の大幅な下落などの影響により，なかなか消費者物価の上昇にはつながらず，金融緩和の効果に対する疑念が生まれることとなった。そこで第3弾として，2016年1月，あらたに増加させる日銀当座預金金利をマイナス0.1%とするマイナス金利政策を導入した。

マイナス金利とは，貸す側にとっては貸した金額よりも将来的に名目上少ない金額しか戻らないことを意味し，逆に借りる側にとっては，借りた金額よりも名目上少ない金額を返せばよいことを意味する。4.2節のインフレ・デフレの問題点や，5.5節の利子の働きで説明した名目利子率と実質利子率の関係を考えれば，貸す側と借りる側との間で名目上マイナスの金利で取引をすることは十分に起こり得る。

また今回のマイナス金利政策によって直接影響を受けるのは民間銀行である。マイナス金利政策は，民間銀行の日銀に預ける実質的なメリットを低下させ資金を貸出に回すようにすることで，経済を活性化させることを目指したものである。この結果，住宅ローン金利は歴史的ともいえる低水準となったが，住宅バブル発生への懸念，銀行の財務の悪化，保険会社の運用利回りの悪化などにより，マイナス金利の弊害も現れている。貸出が増えれば景気を回復させることにつながるであろうが，まだ予断を許さない。

量的緩和政策，低金利政策がなかなか想定したような効果を表さないのは，景気の不透明感で資金需要がもともと少ないから，いくら緩和したとしてもそれが貸出，あるいは投資の拡大につながらないのである。

8
日本の財政

　第8章から10章までは，日本の財政について考える。市場では難しい公共サービスの供給や，所得再分配の問題を解決するために，政府は不可欠である。またどのようなサービスを提供するかだけでなく，その財源をどのようにして調達するかについても同時に考えなければならない。それらについて，以下で紹介していくことにする。

8.1　日本の財政の現状

　国が政策を実行するうえで必要となる資金をどのようにして調達し，また集めた資金をどのように支出するかについてまとめたものが予算である。

　国が集める資金でもっとも重要な役割を果たすのは**租税**である。最近では，国債によって調達される資金も多いから，一見すると重要性は低下しているように見えるが，国債発行も結局税によって裏打ちされたものと考えれば，政府の行動のための原資は租税であるといってかまわない。

　租税とは，強制的に徴収されるものである。強制的に徴収するものの集め方や集めたものの使い道を政府が勝手に決めたのでは民主主義国家とは言えない。したがって，毎年の租税の集め方・使い方，すなわち**予算**については，国会の議決を経ることとなる。

8.1 日本の財政の現状

8.1.1 一般会計予算の内容

　国の予算には**一般会計予算**と**特別会計予算**があり，それぞれ国会で審議され，決定される。図8.1は，平成28年度一般会計予算の歳出を示している。支出を**歳出**，収入を**歳入**と呼び，歳出と歳入は等しくなっている。平成28年度予算の総額は約96.7兆円であり，GDPが450兆円程度であることを考えると，2割を超える規模となっている。

　歳入と歳出のうち，歳入面については第10章で詳しく見ていくことにして，ここでは歳出面についてその内容を紹介する。

　歳出は，大きく**基礎的財政収支対象経費**と**国債費**に分けられる。国債費は，過去に蓄積された国債に対する利払いや元本部分の返済にあてられるものなので，これをコントロールすることはできない。したがって，政府が内容を決定できるものは基礎的財政収支対象経費部分となる。長期的な財政の

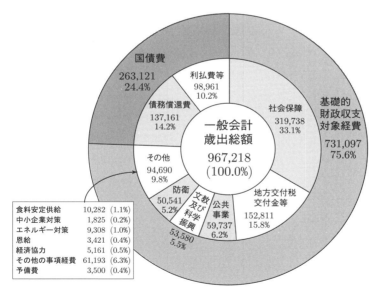

図8.1　平成28年度(2016年度)一般会計予算歳出

健全化目標として使われるプライマリーバランスを考えるとき，基礎的財政収支対象経費が支出部分にあたる．この割合は予算全体の約4分の3である．

基礎的財政収支対象経費の中で，最大の項目は社会保障関係費であり，予算全体の約30%，基礎的財政収支対象経費の約42%を占めている．続いて多いのが地方交付税交付金等であり，約17%を占める．これは，各地方公共団体が基本的なサービスを提供するための経費を，国が補助するという役割を果たす経費である．これらの他に，公共事業費，文教及び科学振興費，防衛費などが占めている．

社会保障費については第9章で詳しく検討することとして，ここでその他の項目について解説を加えておく．文教および科学振興費は，義務教育費国庫負担金，公立高校の実質無償化のための初等中等教育等振興費，大学への助成，最先端分野の研究を助成するための費用からなる．

公共事業関係費は，社会資本の整備のための費用である．ここ数年は，厳しい財政状況と「無駄が多い」という批判を反映して，削減される傾向にある．しかし，何が無駄で何が無駄でないのかという議論は難しい．ある人にとっては生活を支える大事な基盤であっても，別の人からすると「無駄」扱いされることはあり得る．また，公共事業が削減された結果仕事を失い生活すら困窮するようになった人に対して，「公共事業は無駄が多いからあきらめなさい」ということは難しいだろう．

防衛関係費については，以前は毎年のように話題になった部分であった．しかし近年では，社会保障などの問題があまりにも大きくなりすぎてしまい，あまり話題にならなくなっている．

地方交付税交付金は，国から地方への移転部分である．これについては，8.1.6で説明する．

一般会計歳出に占める割合の推移を示したのが図8.2である．国債残高の増加を反映して国債費の割合が増加傾向にある．また社会保障関係費の割合も同様に増加している．それに対して公共事業関係費の割合は低下しつつある．

8.1 日本の財政の現状

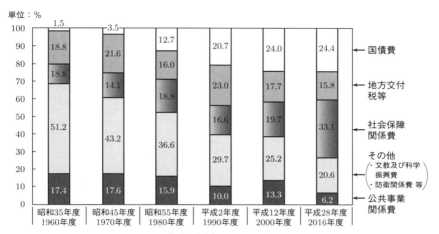

図 8.2 歳出割合の推移

8.1.2 単年度主義

　予算は毎年度作成，審議し，その年度で使い切ることを原則とする。これを予算の**単年度主義**という。単年度主義のために，予算を無理に使い切ろうという意図が働いて，効率的な利用ができないのではないか等の批判があるが，単年度でないと，過去に決定した予算に縛られ，国会の機能が制約されることとなる。したがって，多くの国々で予算は単年度主義をとっている。もちろん，これは毎年行き当たりばったりな予算を組むというわけではなく，長期的なプロジェクトについては，各年度にどれだけの支出をするかを事前に決めておくが，毎年度見直しが可能であることを意味する。

　家計であれば，支出を節約することで余った分を貯蓄に回し，それを将来別のことに使うということは悪いことではない。しかし国家予算の場合，節約して余るということは，それほど経費がいらないのだから次年度以降も必要ないだろうという判断となる。歳出を支えるのは租税であるから，租税を徴収しなくて済むのであればそれに越したことはない。したがって，一度余ることになると，次年度以降予算が削られることとなる。これらのことが，予算を使い切る誘因となる。

8.1.3 補正予算,暫定予算

不測の事態が発生し,予備費等では対応しきれない場合に**補正予算**が組まれたり,4月までに新年度の予算が国会で決定されない場合に**暫定予算**が組まれたりすることがある。不測の事態とは,リーマンショックのような経済に大きな影響を与える出来事が起きて,景気を下支えするような対策が必要となる場合や,東日本大震災のような出来事が起きた場合である。

8.1.4 特別会計について

本来,予算はすべて単一のものとして扱われるべきである。言い換えれば,ある「予算」を眺めれば国のおカネの出し入れがすべてわかるようなものであることが望ましい。また個別に独立した会計によって管理しようとすると,必要な部分に資金がまわりにくくなったり,逆に削減できる部分で無駄な支出が行われたりする可能性が生じる。

しかし,別会計として収支を管理することが合理的であると判断される場合,**特別会計**として扱われる。合理的であると判断される場合とは,国が特定の事業を営む場合,あるいは特定の資金を保有してその運用を行う場合,その他特定の歳入をもって特定の歳出に充て一般の歳入歳出と区分して経理する必要がある場合にかぎり,法律をもって特別会計を設けることが財政法によって規定されている。

特別会計については,あまりに複雑になったために弊害が指摘され,平成18年度以降整理・統合されることとなり,2006年度で31あったものが2015

表 8.1 特別会計一覧

交付税及び譲与税配付金特別会計	年金特別会計
地震再保険特別会計	食料安定供給特別会計
国債整理基金特別会計	国有林野事業債務管理特別会計
外国為替資金特別会計	貿易再保険特別会計*
財政投融資特別会計	特許特別会計
エネルギー対策特別会計	自動車安全特別会計
労働保険特別会計	東日本大震災復興特別会計

* 2016年度末で廃止
出所:財務省ホームページ

8.1 日本の財政の現状　　　141

年度には14（東日本大震災特別会計を含む）に整理された。

　2016年度予算における特別会計の歳出総額は403.9兆円，会計間のやりとり等を除いた歳出純計系額は201.5兆円であり，一般会計歳出の2倍以上である。その中で最大の項目は国債償還費等であり，92.2兆円に上る。続いて大きいのは年金や健康保険給付費などの社会保障給付費で，65.8兆円となっている。

8.1.5　財政投融資

　財政投融資とは，税負担に拠ることなく，国債の一種である財投債の発行などにより調達した資金を財源として，政策的な必要性があるものの，民間では対応が困難な長期・低利の資金供給や大規模・超長期プロジェクトの実施を可能とするための投融資活動である[1]。以前は郵便貯金を財源としていたが，現在は財投債を発行している。

　政府による様々な公共サービスの供給は，個々のサービスとそれへの負担が結びつきにくい租税を原資とするイメージがあるが，受益者負担の意識を高めるには，利用者から対価を要求するシステムが望ましい場合がある。対価を要求することで必要最低限な水準すら行き渡らなくなるような問題は避けなければならないが，日本が現在直面しているような財政状況を考えれば，受益者負担原則の活用は望ましいと言える。

　2016年度財政投融資計画によると，それは財政融資，産業投資，政府保証に分かれ，総額は13兆4811億円である。その中で10兆円余りが財政融資であり，最大の項目は日本政策金融公庫への財政融資である。

　日本政策金融公庫は，100％政府出資の政策金融を行う金融機関であり，旧国民生活金融公庫，中小企業金融公庫などを統合してできあがった。政府が民間の金融機関を補完する役割を，日本政策金融公庫を通じて果たしている。それを資金面で支えているのが財政投融資である。

---

[1] 財務省ホームページより。

8.1.6 中央と地方

　地方公共団体が提供するサービスについては，その地方独自の財源（地方税など）によって提供されることが，受益と負担の点からも望ましい．しかし，都心への人口一極集中，別の言い方をすれば過疎の問題などによって，すべての地域において最低限の公共サービスを提供することが難しい場合もある．たとえば一般の道路を建設・補修する場合，補修費用を1000人で負担するのと1万人で負担するのとでは，1人当たりの負担額は10倍も差がついてしまう．1人当たりの負担が大きくなる地域では，いつまでも道路が補修されないことになり得る．

　そのような問題を避けるために，国が「国税」として国民からまんべんなく徴収し，それを1人あたりの負担が大きくなるような地域へ再分配するシステムが**地方交付税制度**である．「地方の固有財源を，国が替わって徴収し，それを地方交付税制度としている」という解釈である．一般歳出に占める地方交付税交付金等は，1990年頃には約20％を占めていたが，2016年度予算では若干下がって約16％程度となっている．

　配分額は，まず法律によって定められた方法で各地方公共団体の**基準財政需要**，すなわち一般財源として賄われるべき支出額を計算し，それと各地方公共団体独自で見込める収入（基準財政収入他）を計算，その差額が地方交付税となる．大都市圏などでは人口が多いため地方交付税なしで基準財政需要を満たすことができる場合もある．それらは不交付団体として，地方交付税は配分されない．また，大規模な事業を行う場合などでは，国債と同様に地方債を発行することができる．

　2015年度の場合，不交付団体が60であるのに対して，交付団体は1705である．昭和の頃に比べて不交付団体が減っているのは，1999年より推し進められたいわゆる「平成の合併」によって3200あまりあった地方公共団体が1800以下に減ったことが理由である．

　各個人に様々な意思決定の自由が認められているのと同様に，各都市・地域の人々は「住民」としての意思決定の自由があってしかるべきであろう．それが地方自治という言葉へとつながる．その点からすれば，それぞれの地方で必要なものはそこで生活している住民が一番理解しているはずなので，

財源を各地方団体に与え，使途について地方の意志決定に任せることが望ましい。すなわち，「いったん国が徴収し……」ではなく，そもそも住民税やそれに類するものによって各地方公共団体が徴収すればよいという考え方もある。

また自治という観点からは，できるだけ細かく地方公共団体を分けることが各住民の意思を反映させやすいと言えるかもしれないが，まず基本的なサービスを受けるための行財政基盤の確立，さらに効率性という観点からはある程度の規模であることが望ましいだろう。それが「平成の合併」の意図である。自治と効率性の間のトレードオフである。

8.2 経済における公共部門の役割

我々が経済活動を行って行く上で，政府の役割は欠かせない。生命・財産を守る警察や，道路の敷設・補修，公立の小中学校など，日常生活を送る上で重要な財を供給するという役割がある。その他にも，生活保護や年金・医療保険など，民間ではカバーしきれない様々な不確実性に対処するサービスも政府は与える。

マスグレイブ(R. Musgrave 1910-2007)は，財政の機能として(1)**資源の再配分**，(2)**所得の再分配**，(3)**経済の安定化**，という3つをあげた。現在の経済学では，これら3つを公共部門の役割として考えることが標準的となっている。以下それぞれについて詳しく見ていくことにする。

8.2.1 資源の再配分

市場経済メカニズムには，「皆が欲しいモノ，皆に必要とされるモノが多く供給され，要らないモノが生産されなくなる」という，限られた資源を効率的に配分する機能がある，と考えられる。

個人のレベルでも経済全体のレベルでも，資源の量は限られているから，無駄なモノを作っている余裕はない。したがって，資源を適切に配分するメカニズムが必要になるが，市場メカニズムは利潤最大化を目指す各企業と，「自分のもつ資源(労働等)の供給量を望ましい水準に決め，欲しいモノを買

い，要らないモノは買わない」という各消費者の行動が，価格メカニズムを通じて調整され，望ましい資源配分が一定の条件のもとでは達成されるとミクロ経済学は教える。これがいわゆる厚生経済学の第1基本定理である。

しかし，市場がいつも望ましい資源配分を達成するとは限らない。市場がもたらす資源配分が問題点を抱えることはしばしば観察される。皆にとって本来ならばあったほうが望ましい財が供給されなくなったり，過剰に供給されたりする問題である。これを，ミクロ経済学のテキストでは市場の失敗と呼ぶ。政府による資源の再配分とは，市場の失敗を補正することである。

市場の失敗の例1：公共財

たとえば，読者の家の前を通る一般道を考えてみよう。年月がたてばそれらの道は補修する必要が生じる。そのための費用を，「その道を通る人に払ってもらう」とするには，まず自己申告では「私はいつも別の道を通るので払わない」と誰も払わなくなる可能性があるし，通行料金を取ろうとすれば，料金を集める担当者の人件費もかかる。「ある財を手に入れるには，対価を支払わなくてはならない」というのは市場メカニズムを支える1つの原理であるが，それがうまく働かない財はたくさんある。対価をうまく支払わせることができない財を公共財[2]とよび，市場メカニズムが適切な量の供給に失敗する1つの原因である。

対価をうまく集めることができない場合には，その財を供給するための費用を税金として強制的に徴収することが考えられる。しかし，利用者を特定して徴収することができない（できるのであれば利用料として徴収すればよい）以上，どうしても便益の享受と費用負担の間に乖離が生じ，過剰な供給や過剰な負担感が生じることとなる。これが政治的プロセスを経て財政赤字の原因となる。過剰供給はもちろんのこと，過剰な負担感を避けようとする政治家が有権者に対して耳触りの良い政策を推し進めようとする原因となる。

---

[2] ミクロ経済学で学ぶ純粋公共財は，(1) 非排除性（対価を払わない人の消費を排除できない），(2) 非競合性（誰もが同時に等量の消費が可能），という2つの性質をもつとされる。

8.2 経済における公共部門の役割

市場の失敗の例2：外部性

次に公害の問題について考えてみよう。我々の周囲には，海や川の汚染，大気汚染など，公害と呼ばれる問題が多い。これらはあきらかに我々の生活にダメージを与えるものであり，誰かが望んで供給されたものであるはずがない。いったいなぜ公害が発生するのであろうか。

大きな原因は，公害を発生させることの費用が発生させる主体にとって低すぎるからである。なぜ低くなるかと言えば，海や川の利用権や大気の利用権などが設定できていないため，汚染物質を排出するコストが排出側にとってはゼロになってしまう（被害を受ける側には費用となっているのに）からである。

ここで，海や川・大気の利用権が設定され，排出する側が利用権を持つ主体に対して被害の分の補償費用を支払うと考えよう。生産者にとって，補償費用を支払っても生産することから利益を得られるのであれば，被害を受ける側は補償費用によって償われており，生産側は生産によって利益を得る。つまり，両者損をしないことになる。これに対して補償費用を支払うと利益が出ないような場合は，本来それは生産されるべきではなかった（補償費用を支払わなくて済むために生産がおこなわれていた）のであるから，生産を止めることが効率的となる。

自然にあるもの，境界を定めることが難しい財では，所有権（誰かがそれを利用しようとしたときに対価を支払う相手）を設定するのは困難なので，過剰に排出された汚水・煤煙が海や川・大気を汚し，公害問題となる。これらを**外部性の問題**という。

いずれも市場メカニズムがうまく働かないことによる問題である。これを補正するには，政府の介入が不可欠となる。道路を補修する費用は，あらかじめ徴収した税金によって賄う。また公害については，政府が規制することにより，過剰に排出することを防ぐ。市場メカニズムでは供給が難しいが経済社会においては必要な財の供給を行ったり，市場メカニズムのもとでは過剰に供給される財の生産を抑えたりするのが，政府の役割の1つである。

8.2.2 所得の再分配

　様々な理由によって所得の格差は生まれる。まず考えられるのは生まれながらの環境，生まれながらの能力によって所得が決まることから生じる格差である。その他，ケガや病気になることで所得が得られなくなることもある。

　所得格差を，市場メカニズムによって解決することは難しい。自らの所得を自発的に他のだれかに再分配するメリットはないからである。もちろん寄付行為などはあるが，それだけでは十分な所得再分配はできない。また，公共サービス供給の負担を考えた場合に，所得の多い人にも少ない人にも同じ負担を強いるということは，事後的に所得の相対的な差が拡大されることに等しい。

　一部には，「なぜリスクをとって努力し続けて所得を得た人が，リスクをとらずまたは努力もしなかった人よりも多くの税を払う必要があるのか」という議論がある。しかし，人々の能力には生まれながらに差もあるし，人生の中で思わぬ事故に出会うこともある。それらはかなり不確実なものである。だからこそ社会保障＝社会保険というシステムが世の中に存在する。「不慮の事故によって低所得に陥った人が保障されるのは理解できるが，単なる怠惰によって低所得にある人，あるいはそれらをあてにして怠惰な生活を送る人を保障する必要があるのか」という主張もありうるだろう。ではそれらをどのようにして区別するのか。個々の事情をすべてくみ取ろうとすれば莫大な時間と費用がかかってしまう。それらも考慮に入れた上で，最適な「落としどころ」を探っていく必要があるだろう。

　これらの理由によって，政府が税と補助金(生活保護)などを通じて所得の再分配を行う必要がある。また単なる低所得者ではなく，高齢になって働けなくなった人を救済する必要もある。

　所得再分配の税制面からの手段として，**累進課税**と呼ばれる方法がある。累進課税とは，追加的な所得の増加分に対する税率を重くすることで平均税率を上げ，低所得者の所得に対する負担割合を軽く，高所得者のそれを重くすることである。このシステムによって，税引き前に比べ税引き後の所得格差を少なくすることができる。また，生活保護や失業保険，就学援助や公営住宅供給なども，所得再分配の手段である。

8.2 経済における公共部門の役割 147

所得再分配が必要である点は合意が得られやすいが，具体的にどの程度の再分配が必要であるかについては議論の余地がある。たとえば累進課税について言えば，過度に高所得者に負担を強いることになると，高所得者の労働へのインセンティブを阻害することとなる。生活保護も，あまりにも手厚い保護を与えれば，それが就業へのインセンティブを阻害することになりかねない。

8.2.3 経済の安定化

中央銀行が金融政策を通じて景気の安定化をはかるのと同じく，財政も減税・増税や公共支出の水準をコントロールすることを通じて，景気を安定化することが求められている。

第2章で説明した乗数モデルや本章補論の分析からわかるように，不況期には減税によって可処分所得を増やすことで支出を増やすよう誘導したり，政府支出を増やすことで直接支出を増やしたりすることにより，景気刺激を行ってGDPを引き上げ，失業率を低下させることができる。逆に好況期には，政府支出を抑え増税を行うなどにより，景気が過熱するのを防ごうとする。

1960年代頃までは，財政を通じたマクロ安定化政策は重要視されてきたが，その後裁量的な経済政策の問題点が指摘されるようになったことや，国債累積など財政の悪化によって，特に不況期に公共支出を拡大することが難しくなっている。最近では長く続く不況により，「国債発行(借金)による景気対策」が続き，財政は悪化の一途をたどっている。

経済は好況・不況を繰り返す。とくに不況の時期に，「景気対策」という名で景気を下支えするために政府が介入すべきであるという主張がなされる。財政の面から言えば，景気対策にあたるのは主に減税と政府支出の拡大である。政府支出の拡大については，以前は公共事業が多く用いられていたが，最近は定額給付金などの補助金にあたるものが増えている。

しかし，財政に経済の安定化機能を持たせることについては，それほど幅広い合意がなされてきたわけではない。ケインズ経済学的な経済政策が隆盛を極めた1960年代から第1次石油ショックの頃までは，日本に限らず多く

の先進諸国で「不況時には景気刺激,好況時には景気引き締め」のような裁量的経済政策を実行すべきという主張がなされていた。

その後,「好況時には景気引き締め」が難しいことや,高齢化社会を迎える中で政府支出を経済の安定化に用いる余裕がなくなってきたこと,そもそも裁量政策がかえって景気を不安定化するのではないかという様々な批判により,財政の経済安定化機能は低下してきた。

そしてサブプライムローン問題が発生した2008年以降,状況は再び変わった。各国は,経済危機を打開するために,様々な財政からのてこ入れを行った。一時に比べればその機能に対しては疑問が呈されるようになったが,依然として重要な機能の一つであるといえる。

表8.2 1995年以降の主な経済対策

年月	名称	内閣	総事業規模
1995年 4月	緊急・円高経済対策	村山	7兆円
1995年 9月	経済対策	村山	14.2兆円
1998年 4月	総合経済対策	橋本	16兆円超
1998年11月	緊急経済対策	小渕	17兆円超
1999年11月	経済新生対策	小渕	17兆円程度
2000年10月	日本新生のための新発展政策	森	11兆円程度
2001年10月	改革先行プログラム	小泉	1.3兆円程度
2001年12月	緊急対応プログラム	小泉	4.1兆円程度
2002年12月	改革加速プログラム	小泉	4.4兆円程度
2008年 8月	安心実現のための緊急総合対策	福田	11.5兆円程度
2008年10月	生活対策	麻生	26.9兆円程度
2008年12月	生活防衛のための緊急対策	麻生	37兆円程度
2009年 4月	経済危機対策	麻生	56.8兆円程度
2009年12月	明日の安心と成長のための緊急経済対策	鳩山	24.4兆円程度
2010年 9月	新成長戦略実現に向けた3段構えの経済対策	菅	9.8兆円程度
2010年10月	円高・デフレ対応のための緊急総合経済対策	菅	21.1兆円程度
2011年11月	円高への総合的対応策	野田	23.6兆円程度
2012年11月	日本再生加速プログラム	野田	2兆円程度
2013年 1月	日本経済再生に向けた緊急経済対策	安倍	20.2兆円程度
2013年12月	好循環実現のための経済対策	安倍	18.6兆円程度
2014年12月	地方への好循環拡大に向けた緊急経済対策	安倍	3.5兆円程度
2016年 8月	未来への投資を実現する経済対策	安倍	28.1兆円程度

出所:「【図説】日本の財政」各年度版,内閣府ホームページ

8.2.4 主な経済対策

1990年代から，「矢継ぎ早」ともいえるペースで様々な経済対策プランが実施された。それをまとめたのが表8.2である。

とくに2008年4月の危機対策が突出しているが，これは前年に発生したリーマンショックを受けてのものである。また事業規模と補正予算の違いは，事業規模の中には単なる融資枠拡大など実際の支出を伴わないものもあるので，その分GDP押上げ効果は弱いと考えられる[3]。

残念ながら，これらの経済対策は目立った効果をあげたとはいえない。というのも，この期間は日本の国債残高が急速に拡大した時期に一致するからである。「景気対策」と称して国債発行を伴う減税や公共事業の拡大をくり返し，すっかり日本経済の体力が落ちた時期であった。

8.3 効率と公平のトレードオフ

政府の行う政策に関しては，つねに効率と公平のトレードオフがつきまとうと言われている。これは機会の平等と結果の平等と結びつけることもできる。「努力すれば，運が良ければいくらでも大金持ちになれる。ただし努力しない人，才能に恵まれなかった人，運が悪かった人は貧乏な暮らしをするしかない」という社会であったとしよう。このような場合，ほとんどの人は必死で努力することになるだろう。しかしその場合，努力しない人だけでなく，才能に恵まれなかった人や運が悪かった人までもが貧乏な生活に甘んじることとなる。

では反対に，努力した人もしない人も，才能のある人もない人も同じ所得・財産を得る社会であったとしよう。この場合，人々は努力するだろうか。努力自体に価値を見いだす人はいるだろうからゼロではないだろうが，上の「努力すれば金持ちに，努力しないと貧乏に」の場合に比べて努力する人は極端に減るだろうということは想像できる。

これらは両極端であり，その中間のどこかが社会として最適になることは

---

[3] 事業規模の中で，実際の支出を伴い，GDP押上げ効果が期待される部分を「真水」と呼ぶ。

あきらかであるが、ではどのような状況が望ましいのか、という点では意見が分かれるだろう。過度の再分配政策が努力した人に報いることを奪うという考え方もあれば、再分配をするにしてもその財源を確保しなければ話にならないということで、分けるためのパイを広げるという大義名分のもと効率を重視する(市場メカニズムを重視する)という考え方もある。

しかし実際には、再分配政策は効率性を生み出すための基礎になるであろう[4]。「失敗したら取り返しのつかない事態になる」というのであれば、誰もリスクを取ろうとしない。パイを広げることにつながるような新たな産業を興すチャレンジ精神は、リスクを取ることに対する安心感から生まれる、という考え方もあり得る。

古くから言われる効率と公平のトレードオフ、すなわち「いずれか一方を重視すれば、もう一方をあきらめざるを得ない」という主張については、両立の可能性について再検討が必要だと言える。

補論　財政政策の効果について

第7章において、日本銀行がマネーストックを増加させることで均衡GDPを増加させることを見た。ここでは政府が景気対策のために政府支出を増加させたり、減税を行うことでGDPの水準を増加させることについて見ることにしよう。

第3章で説明した通り、なんらかの理由によって不完全雇用が存在する状況では、均衡GDPは有効需要の大きさによって決まる。すなわち、GDP＝国内総支出を表す

$$Y = C + I + G + X - M$$

の関係から、均衡GDPは決まる。第3章では海外部門を除き、かつ利子率を一定と仮定した45度線分析によって、投資の増加が均衡GDPの増加をもたらすことを説明した。

同じことをIS-LM分析のフレームワークでも考えることができる。第3章で求めた均衡GDPを以下のように書き直す。

---

[4] この点については、飯田(2014)にも述べられている。

補論　財政政策の効果について

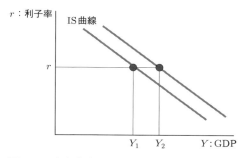

図 8.3　政府支出の増加による IS 曲線シフト

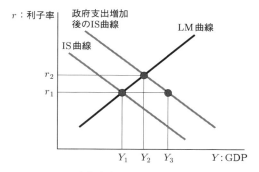

図 8.4　財政政策（政府支出増加）の効果

$$Y = \frac{a - bT + I(r) + G}{1 - b}$$

ここで，国債発行を財源として政府支出 G が増加したとする[5]。r が一定であれば，これは Y の増加につながることが直ちにわかる。つまり IS 曲線は，政府支出 G の増加によって右にシフトするのである（図 8.3）。

これを LM 曲線と結び付ければ，政府支出の増加が均衡 GDP や均衡利子率に与える影響を見ることができる。

45 度線分析では利子率を一定とおいた。それは，図 8.4 での Y_1 から Y_3 への増加に対応する。しかし国債発行を伴う政府支出の増加は利子率を引き上げ，利子率を一定とした場合ほど GDP を増加させる効果をもたない（これをクラウディング・アウトと呼ぶ）。利子率への影響を考慮に入れると，GDP 水準は Y_2 への増加にと

---

[5] 財源を増税にもとめた場合は，T の増加を伴うこととなる。

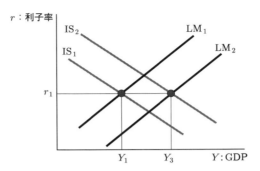

図 8.5　財政政策(政府支出増加)の効果

どまることとなる。しかしながら，LM 曲線が右上がりである限りは，いちおう政府支出の増加によって均衡 GDP を引き上げることができる。

　ここで利子率の上昇を防ぐために，金融緩和を組み合わせたらどうなるか。すると，45 度線分析で得られたような GDP の増加がもたらされる[6]。しかしこれは国債の中央銀行引き受けと変わらない状況を作り出す。安易に用いるとインフレーションにつながる。

---

[6] アベノミクスの第 1 の矢(金融緩和)，第 2 の矢(財政出動)に対応するだろう。

9
日本の社会保障制度

9.1 少子高齢化と社会保障

9.1.1 社会保障の目的

　日本国憲法第24条では,「すべての国民は,健康で文化的な最低限度の生活を営む権利を有する」とあり,第2項で「国は,すべての生活部面について,社会福祉,社会保障及び公衆衛生の向上及び増進に努めなければならない」とある。つまり日本では,国民の最低限度の生活水準を維持するための様々な方策を国がとる必要がある。広い意味ではマクロ経済政策や公共財の提供も含まれるが,この章ではいわゆる社会保障の分野に限定して考えよう。

　社会保障制度とは,広い意味での「保険」であることを理解しておく必要がある。我々が生きていくうえで,あるいは生まれながらにしてもつ様々なリスクに対する備えとして制度化されたものである[1]。

　自動車保険や火災保険に代表されるように,民間経済主体も保険を供給している点を考えれば,必ずしも政府が「保険」を供給するという必要性はない。しかし保険には,「リスクのある人ばかり加入する」という逆淘汰の問題が存在する点や,雇用保険など加入者が直面するリスクが必ずしも独立でない(リスクの分散が難しくなる)ために,民間ではカバーできないという問題

---

[1] 保険については補論を参照。

が起こる[2]。それらの問題を避けるために，一部のリスクについては公的に提供される必要がある。

　先進国で社会保障制度の全くない国は存在しないが，その程度には差がある。とくに「保険料」と「給付」の関係については国によって差がある。税金あるいは保険料を多く徴収するかわりに，手厚い給付を行う国もあれば，保険料等はそれほど徴収しないが，その分リスクに備える部分を民間に任せようとする国もある。開発途上国などでは，人々の所得水準が低いために保険料を集めることが難しく，その結果社会保障制度自体がまだ成熟していない国もある。日本がどのようなタイプであるのかについて，以下で見ていくことにしよう。

9.1.2　日本の社会保障制度の現状

　日本において社会保障関連事業と呼べるものは，大きく分けて，表 9.1 のように 4 つある。

　「保険」という考え方に則れば，生活保護は環境等によって所得が得られなくなるリスクを被った人への給付金であり，社会福祉は生まれながらに，または生きていく中で障がいを持つリスクを被った人への給付金，社会保険は（ⅰ）病気やケガ，（ⅱ）主に年齢からくる身体的な問題，（ⅲ）そもそも長生きの「リスク」に対する備え，ということになる。これらの目的を達成するために，公的部門の事業として様々な支出が行われるが，それらを総称して社会保障給付費と呼び，2016 年度予算ベースで 118.3 兆円（対 GDP 比 22.8%）に及ぶ。

表 9.1　日本の社会保障関連事業

公的扶助	生活保護
社会福祉	弱者にあたる人が社会生活を営めるようにする
社会保険	健康保険，年金保険，介護保険
公衆衛生	結核予防など

---

[2] この章の補論での大数の法則の説明でこの点について再度触れる。

9.1.3 社会保障制度を支える財源

社会保障給付費の財源は，主に保険料と税金である．同じく2016年度予算ベースでは，保険料が66.3兆円(59.4%)と約6割を占め，残りのほとんどが税金(45.4兆円，40.6%)である．税金とは，一般会計の社会保障関係費として支出される項目に対応している．

社会保障制度はあくまでも「保険」であるので，民間の保険と同様に考えるのであれば保険料のみによってバランスしなければならない．しかし，生まれる前からリスクに備えることができないのはあきらかであるし，また保険料が支払えるとも限らない．そのため，一定割合は一般会計予算から支出することとなる．その意味で，単なる保険という性格ではなく，所得再分配という側面も持つ．

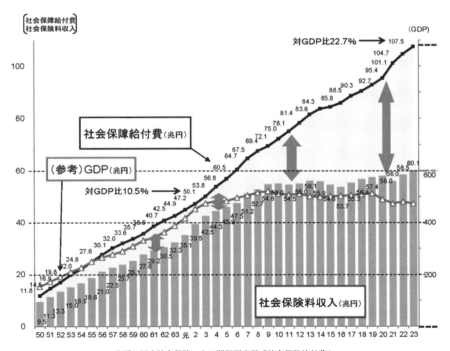

出所：国立社会保障・人口問題研究所「社会保障給付費」

図 9.1 社会保障給付費と社会保険料収入との関係

社会保障給付費と社会保険料収入との関係を示したのが図9.1である。その差はますます広がっており，一般会計予算の負担が上昇していることはあきらかである。

　民間企業が提供する保険では，保険料を払わなければ給付金を受け取ることができない。しかしそれでは，保険を購入することの難しい低所得者層は様々なリスクをカバーすることは難しくなる。その点からも，公的保険の役割は極めて重要である。

　日本では，ここ数年社会保険料収入の伸びが止まっており，社会保障関係費の負担が増している。なぜ社会保険料収入の伸びが止まっているのか。社会保険料は通常，市町村ごとに決まる。社会保険料は，標準報酬月額に比例して決まる。つまり，標準報酬月額の伸びが止まれば，社会保険料収入の伸びも止まるはずである。ここ数年長く景気が低迷しているために，標準報酬月額の伸びが止まっていることが，社会保険料収入が伸びない原因である。

9.1.4　社会保障給付費の内容

　給付項目の中で最大のものは年金であり，2016年度予算ベースで56.7兆円，給付費全体の47.9%を占める。次に多いのが医療であり，37.9兆円，全体の32.0%を占める。この2つで80%余りを占めている。

　「その他」に含まれているが，この中で介護の割合が10.0兆円で8.5%を占める点には注目する必要があるだろう。高齢化が進む中で，今後ますます介護への支出は高まることが予想される。

　これらの項目がどのような推移をたどって来たかについて，図9.2に示した。この図からわかるとおり，社会保障給付費全体が急速に増加していることがわかる。とくに年金が急速に伸びており，今から45年ほど前には1兆円程度だったものが現在では56兆円を超え，また医療費も2兆円あまりだったものが37.5兆円にまで膨れ上がっている。国民所得に対する割合も，わずか6%弱ほどだったものが30%を超える水準になっている。この額は今後増えることはあっても減ることはないであろう。年金は高齢化が進めば受給者が増えるし，また高齢者が医療機関にかかることが多い点，また介護を必要とする人の割合も増えるからである。

9.1 少子高齢化と社会保障

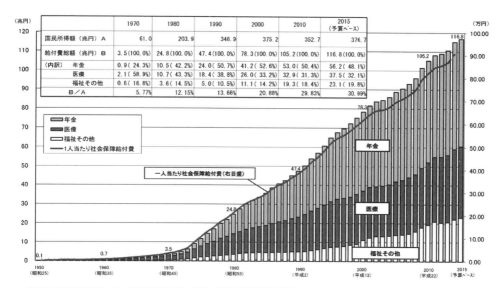

出所：国立社会保障・人口問題研究所「平成25年度社会保障費用統計」，2014年度，2015年度(予算ベース)は厚生労働省推計，2015年度の国民所得額は「平成27年度の経済見通しと経済財政運営の基本的態度(平成27年2月12日閣議決定)」(この図の出所は厚生労働省ホームページ)

(注) 図中の数値は，1950，1960，1970，1980，1990，2000及び2010並びに2015年度(予算ベース)の社会保障給付費(兆円)である。

図9.2 社会保障給付費の推移

9.1.5 日本の社会保障制度の将来

今までに見たような社会保障給付費の増加傾向と保険料収入の伸び悩みについては，日本の人口構造について確認しておく必要がある。

最初に，合計特殊出生率についてとりあげる。合計特殊出生率とは，「一人の女性が一生の間に生む子どもの数」とされる[3]。図9.3では，1980年以降の日本と比較のためにいくつかの国をあげた。

1980年頃は，図にあるすべての国で1.7から1.9の値を示していたが，その後日本は他国に比べ急速に低下し，1989年には丙午を下回る1.57にまで落ち込んで「1.57ショック」と呼ばれた。その後も出生率は低下，2005年には1.26にまで低下した。その後2012年以降1.4を超える水準にまで回復し

---
[3] 国際比較などでは，一定期間(1年間)における各年齢の女性の出生率を合計したものである(厚生労働省ホームページより)。

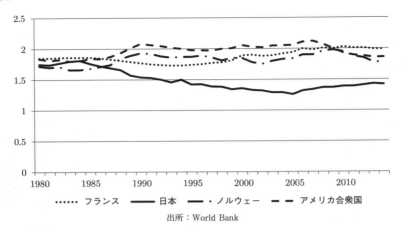

図 9.3　合計特殊出生率の推移

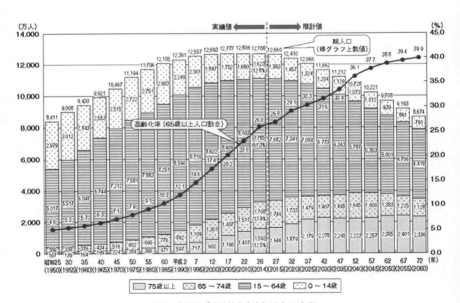

図 9.4　人口推計と高齢化率

ているが，人口を維持するのに必要とされる 2.08 の水準には遠く及ばない。

このような出生率の低下は日本に限らない。たとえば韓国は 1.2 である。またその他ヨーロッパ諸国の一部でも日本より低い国は存在する。しかし一方，図にあげたフランスのように，一時期の 1.7 程度から 2.0 前後にまで回復した国もあるので，出生率低下は必然的なものではなく，国の対策次第では上昇に向かう可能性がある。

出生率の低下が及ぼす影響は，人口減と人口構造の高齢化である。その点を表したのが図 9.4 である。日本の人口は，2010 年に 1 億 2806 万人でピークを迎え，以後ずっと減り続けている。今から約 50 年後には 8000 万人台になると予測されている。人口減少の原因が，「たくさん子どもが生まれるにも関わらず高齢者の死亡が多い」のような理由であれば，図 9.5 に示したように，人口ピラミッドは 1950 年のような下が広く，上が狭い形になるだろう。しかし，「子どもの出生数が減り，高齢者の死亡が減る（寿命が延びる）」場合，人口ピラミッドは 2015 年，将来的には 2045 年の形になる。

高齢者の比率は図にあるとおり右肩上がりになり，2060 年（平成 72 年）にはほぼ 40% となる。このことが，日本の年金システムを考える上で問題となる。次の節で考えることにする。

9.2 日本の年金制度

9.2.1 年金の役割

すべての国民が健康で文化的な生活を営むための支えとなる社会保障制度の中で，公的年金制度は主に高齢者が文化的な生活を営むための支出である。

時期を特定化することは難しいが，核家族化の問題が叫ばれるようになる以前，あるいは高度経済成長期以前の都市部への人口流出が起こる以前は，3 世代同居が多く見られ，老後の暮らしを支えるのは子や孫の世代であった。しかし親と子・孫の同居が当たり前とはいえなくなった現在，自立した老後の暮らしを支える年金の仕組みは重要性を増している。

年金も保険である。それは「収入を得られなくなったのちも生きていく」

160　9　日本の社会保障制度

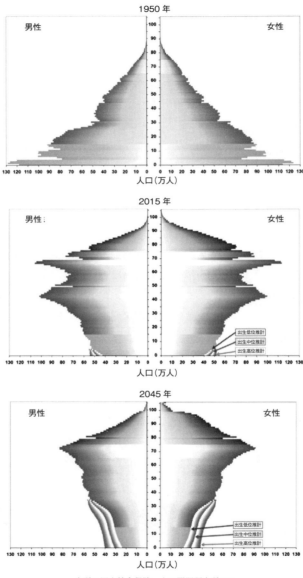

出所：国立社会保障・人口問題研究所 HP

図 9.5　1950 年，2015 年，2045 年の人口ピラミッド

ことをリスクととらえ,「長生きに対する保険」として年金を位置づけることができる。保険という意味では自動車保険や火災保険のように民間の保険で賄えばよいという考え方もあるが,それでは十分に加入が行われなくなる可能性があるので,パターナリズム(父権主義)に基づく強制加入(強制貯蓄)として公的に運営されている[4]。

保険の役割を強調する考え方と民間で行われないもう一つの理由としては,民間の保険会社に依頼する場合,倒産の可能性があるという点である。将来の年金を頼っていた企業がつぶれてしまえば,そのまま老後の生活設計が狂うことになってしまう。

さらに,公的年金の財源の半分が一般会計における社会保障関係費として税金で賄われている点を考慮に入れれば,所得再分配の面もある。保険料は収入に依存し,また年金給付額も収入に依存している。

公的年金に関しては,それを支える保険料を支払わないことに対して,「脱税」の場合のように法律上の罪に問われることがない点にも注意が必要である。保険料を支払わないことに対する「罰則」は,せいぜい給付金を将来もらえなくなる程度である。しかし,保険料をどれくらい支払ったかによって支給されるかどうかが決まるので,支払った記録がちゃんと残っているかどうかは非常に重要であり,過去に何度もその記録データが失われたこと,情報が漏れたことに関する問題が指摘されたことがある。

9.2.2 積立方式と賦課方式

公的年金の財源を確保する手段は,大きく分けて積立方式と賦課方式の2つに分けられる。過去に自分が払ってきた保険料に利子率や運用で得た利益を加えたものを老後に受け取るのが積立方式であり,現役世代からの移転によって賄われるのが賦課方式である。

積立方式は,まさに「強制貯蓄」であり,定義上少子高齢化等の人口要因に影響を受けない。しかし,インフレに弱い点や,制度発足時に制度がなかったために保険料を払っていなかった世代の年金をどのようにして賄うの

---

[4] このほかにも年金については考え方があるので,「強制貯蓄」という性質だけではない。

かという問題がある。

賦課方式では，勤労世代が支払う保険料と（主に）勤労世代が支払う税金を財源として年金が給付される。言い換えれば若年世代による老年世代の扶養，所得移転に他ならない。そのため，老年世代に対する若年世代の比率が下がると，若年世代1人あたりの負担は増えることとなる。大蔵省の資料によれば，1960年代では一人の65歳以上を9人の勤労世代で支える構図であったが，それが2012年には3人で一人を支えることとなり，2050年には1人で一人を支えることとなる。

賦課方式によって65歳以上を支える仕組みはどんどん難しくなっている。そこで政府は，様々な方法によってできるだけ若年世代の負担を緩和しようと取り組んでいる。支給開始年齢の引き上げ，歳入の中で消費税の割合を高めることによって，老年世代も一部を負担する方向で議論が進み始めているが，抜本的な改革はまだ途上にある。

9.2.3 年金の種類

日本の公的年金制度は二階建て（一部三階建て）である。全国民が対象となる国民年金部分を基礎に，企業に勤めるサラリーマンが加入する厚生年金，

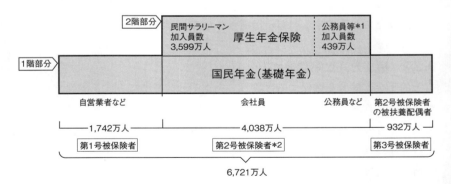

図9.6 公的年金制度の仕組み

9.2 日本の年金制度

公務員などが主な対象である共済組合年金などが二階部分である(図9.6)。

国民年金については，全国民は20歳になるとすべてが保険料を支払い，将来等しい額の国民年金を受け取る。これに対して二階部分については，保険料は所得によって異なり，支払った保険料に応じて受け取る給付金の額も異なる。

さらに三階建て部分として，確定給付企業年金制度や確定拠出年金などの制度がある。これらは公的年金の上乗せの給付を保障する私的年金である。

9.2.4 日本における年金の歴史[5]

我が国の，とくに戦後の公的年金制度は，戦後しばらくの間は防貧対策が主であり，社会保障費を見ても生活保護が最大の割合を占めている。しかし高度成長期に入り，従来の三世代同居のもとで高齢者を家族が支える状況から，都市部への移住による核家族化の進展の中で，どのように退職世代の所得補償を行うかが課題となった。

そこで1961年，国民年金法が施行され，厚生年金や共済年金の対象とならない人も加入できる国民年金制度が発足，国民皆年金が実現することとなった。

その後，インフレに伴う給付水準の引き上げが繰り返される中で，1985年に全国民共通の基礎年金制度を導入することとなった。つまり，今までは完全に分かれていたサラリーマンを対象とする厚生年金，教員等を対象とする共済年金，農家や自営業主を対象とする国民年金であったが，これ以降一階部分を国民年金，その上に二階，三階を積み上げる現在の年金スタイルが確立した。

給付水準の上昇や高齢者の増加によりしだいに年金財政が苦しくなる中で，支給開始年齢の引き上げとそれに伴う高齢者雇用の促進などが行われた。

2004年に，今までの「給付水準から保険料を割り出す」から，「保険料負担の上限を設定，その中で実行可能な給付水準を割り出す」という考え方に改

---

[5] 以下の内容は，平成18年度(2006年度)版厚生労働白書を参考にまとめたものである。

められた。また国庫負担についても 2009 年度までに従来の 3 分の 2 から 2 分の 1 に改められることになった。この改革は「100 年安心」をうたうもので，国民の年金制度の持続性に対する信頼性を取り戻そうとするものであった。

しかしながらこれ以降も少子高齢化は進み，社会保障制度の財源については不安が残った。そこで 2012 年，民主党の野田内閣時に，**社会保障と税の一体改革**に関する関連法案の中で，社会保障の財源となる消費税の増税を決定した。そのスケジュールは当初 2014 年 4 月に 5％から 8％に，2015 年 10 月に 8％から 10％に引き上げるというものであったが，5％から 8％への引き上げの影響が予想を超えて深刻だったことや，景気の回復が進まないことから，増税は 2 回延期され，2019 年 10 月に 10％への引き上げが予定されている。

9.3　国民医療費と医療保険，介護の問題

9.3.1　医療費の問題

我々が医者にかかるとき，ほとんどの場合実際の費用の 3 割かそれ以下を負担する[6]。これは言い換えれば残りは医療保険や国庫からから支払われることを意味している。これは，保険のシステムを利用して医療費の負担が高額になることを避け，国民すべてが一定水準の医療サービスを受けられることを目指したものである。つまり，もし医療費をすべて自己負担することとなれば，「お金がない」という理由で医療サービスを受けられない個人が生まれてしまう。これを問題視するかどうかは考え方によるかもしれないが，日本では国民すべてが加入する国民健康保険のシステムを利用している。しかしこのシステムについても，高齢化の進展で厳しい状況に立たされている。

日本全体の医療への支出である**国民医療費**は，昭和 50 年前後から急速に増大し，平成 25 年で 40 兆 610 億円，対 GDP 比で 8.1％，国民所得比で

---

[6] 未就学児を除く 69 歳以下の世代は 3 割，未就学児と 70〜74 歳は原則 2 割，75 歳以上は原則 1 割である。多くの自治体では，最近子ども（範囲は自治体によって異なる）の医療費について助成制度を行っている。

9.3 国民医療費と医療保険，介護の問題

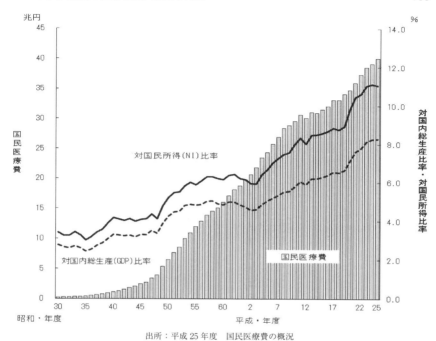

図 9.7　国民医療費・対国内総生産および対国民所得比率の年次推移

11.6％となっている。国民所得の約1割が医療への支出となっている。

これらについて，実際に患者が窓口で支払った分は12.5％ほどであり，残りは保険料から約半分の48.8％，国と地方からなる公費の負担が38.8％となっている。

次に，医療保険制度全体を眺めてみよう。我が国の医療保険制度は75歳未満の国民健康保険，協会けんぽ(旧政管保険)，健康保険組合，共済組合の4種類の保険制度と，75歳以上の後期高齢者医療制度に分かれている。

表9.2からわかるように，後期高齢者の医療保険制度の財源の約半分は公費(国，都道府県，市町村)，4割が75歳未満の加入する保険からの支援金であり，高齢者自体の保険料は1割程度である。つまり，9割は75歳未満からの移転となっている。

後期高齢者医療保険制度の加入者数は全体の約12％ほどであるが，1人当

表9.2　各保険者の比較

	市町村国保	協会けんぽ	組合健保	共済組合	高期高齢者医療制度
保険者者 (平成25年3月末)	1,717	1	1,431	85	47
加入者数 (平成25年3月末)	3,466万人 (2,025万世帯)	3,510万人 被保険者1,987万人 被扶養者1,523万人	2,935万人 被保険者1,554万人 被扶養者1,382万人	900万人 被保険者450万人 被扶養者450万人	1,517万人
加入者平均年齢 (平成24年度)	50.4歳	36.4歳	34.3歳	33.3歳	82.0歳
65〜74歳の割合 (平成24年度)	32.5%	5.0%	2.6%	1.4%	2.6%(※2)
加入者一人当たり医療費 (平成24年度)	31.6万円	16.1万円	14.4万円	14.8万円	91.9万円
加入者一人当たり平均所得(※3) (平成24年度)	83万円 一世帯当たり 142万円	137万円 一世帯当たり(※4) 242万円	200万円 一世帯当たり(※4) 376万円	230万円 一世帯当たり(※4) 460万円	80万円
加入者一人当たり平均保険料 (平成24年度)(※5) (事業主負担込)	8.3万円 一世帯当たり 14.2万円	10.5万円〈20.9万円〉 被保険者一人当たり 18.4万円〈36.8万円〉	10.6万円〈23.4万円〉 被保険者一人当たり 19.9万円〈43.9万円〉	12.6万円〈25.3万円〉 被保険者一人当たり 25.3万円〈50.6万円〉	6.7万円
保険料負担率(※6)	9.9%	7.6%	5.3%	5.5%	8.4%
公費負担	給付費等の50%	給付費等の16.4%	後期高齢者支援金等の負担が重い保険者等への補助(※8)	なし	給付費等の約50%
公費負担額(※7) (平成26年度予算ベース)	3兆5,000億円	1兆2,405億円	274億円		6兆8,229億円

(※1)　組合健保の加入者一人当たり平均保険料及び保険料負担率については速報値である。
(※2)　一定の障害の状態にある旨の広域連合の認定を受けた者の割合である。
(※3)　市町村国保及び後期高例者医療制度については、「総所得金額(収入総額から必要経費，給与所得控除，公的年金等控除を差し引いたもの)及び山林所得金額」に「雑損失の繰越控除額」と「分離譲渡所得金額」を加えたものを年度平均加入者数で除したもの。(市町村国保は「国民健康保険実態調査」，後期高齢者医療制度は「後期高齢者医療制度被保険者実態調査」のそれぞれの前年所得を使用している。)協会けんぽ，組合健保，共済組合については，「標準報酬総額」から「給与所得控除に相当する額」を除いたものを，年度平均加入者数で除した参考値である。
(※4)　非保険者一人当たりの金額を表す。
(※5)　加入者一人当たり保険料額は，市町村国保・後期高齢者医療制度は現年分保険料調定額，被用者保険は決算における保険料額を基に推計。保険料額に介護分は含まない。
(※6)　保険料負担率は，加入者一人当たり平均保険料を加入者一人当たり平均所得で除した額。
(※7)　介護納付金及び特定健診・特定保健指導，保険料軽減分等に対する負担金・補助金は含まれていない。
(※8)　共済組合も補助対象となるが，平成23年度以降実績なし。

出所：厚生労働省「我が国の医療保険について」

たりの医療費は90万円を超えて他の約3倍から7倍である。これは，この制度への加入者が増加していけば，医療費全体は明らかに急速に増加していることを表している[7]。またこの層は退職世代であるので当然のことながら

9.3 国民医療費と医療保険，介護の問題

所得も少ない。したがって，自己負担や保険料を引き上げることも難しいであろう。

9.3.2 介護保険

　高齢化の進展によって，医療のみならず介護の問題も重要性を増してきた。すなわち医療機関での「治療」ではなく，介護を目的とする施設や自宅での介護に対するニーズの広がりである。

　高齢化が進み総人口に占める高齢者の割合が増え介護を必要とする人口が増えている一方，核家族化の進行や介護する家族の高齢化（老々介護）もあり，要介護高齢者を支えてきた家族をめぐる状況が変化してきている。そこで，介護を個人や家族の問題とするのではなく，社会全体で支える仕組みを作り上げようという目的で，2000年に**介護保険制度**が施行されることとなった。

　介護保険がカバーするサービスの詳細については，厚生労働省のホームページに紹介されているが，2016年5月の段階で24種類52のサービスがある。それらは，在宅で受けるものから施設で受けるもの，また介護だけでなく健康な老後を暮らすための予防サービスなども介護保険がカバーするサービスに含まれている。

　従来の介護に関する制度は，行政側が決めたサービスを，今の制度に比べるとずっと重い負担で受ける形となっていた。というのも，「保険」として広く薄く負担するものとはなっていなかった。「利用者が利用する分を負担するのは当たり前では」という考えもあるが，医療費を保険なしで負担する場合の負担を想像すれば，保険という制度を取り入れることの意味はあきらかであろう。

　財源については，税金と保険料が半々，さらに65歳以上の第1号保険者と40歳から64歳までの第2号保険者が，保険料をそれぞれ異なる制度・保険料率で支払っている。介護保険というと高齢者のイメージが強いが，64歳以下であっても要介護認定を受ければ介護保険の給付を受けることができる。

---

[7] 今まで多くても30万円程度だった人が，90万円の層になることで，単純計算でもその人に関しては差し引き60万円の医療費増である。

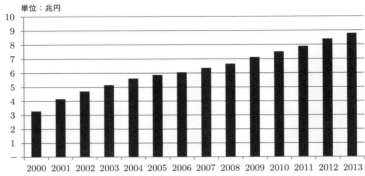

図 9.8　社会保障給付額における介護対策費の推移

　医療費と医療保険の問題と同様，介護に関しても今後国全体での介護費の増加とそれを賄う財源の問題が深刻化していくことが予想される（図 9.8）。

　介護保険が医療費と異なる点は，「自立支援」という側面がある点があげられるだろう。つまり，様々な身体的状況にある高齢者の暮らしを支える役割が介護保険にはある。したがって，「元気なお年寄り」「自立したお年寄り」が増えることで，介護に関する給付，さらに医療費も節約できるようになる可能性がある。どのように自立したお年寄りの生活を支えていくかという議論も必要になるだろう。

9.4　社会保障と税の一体改革：社会保障はどうあるべきか

　少子高齢化，国の借金の累増など，日本の社会保障制度はおそらくこのままではどうにも立ち行かない状況にあるといってよい。そのため，支出面（サービス面）と，収入面の両方を見直す必要が出てきた。

　それらを総合的に判断したいわゆる**社会保障と税の一体改革**については，2012 年 8 月に当時の民主党政権（野田内閣）のもとで関連法案が決まり，全体像や具体策を進める法案が翌年（2013 年）12 月に安倍内閣のもとで成立した。

　支出面では，(1)子ども・子育て，(2)医療・介護，(3)年金，の 3 項目に関して改革が行われることとなった。むしろ大きな話題となったのは収入面，

9.4 社会保障と税の一体改革：社会保障はどうあるべきか

すなわち消費税の増税である。

消費税は所得税と異なり，各世代に一様な負担を求める税である[8]。今回の増税分はすべて社会保障関連支出の財源となることが政府の各資料にも明記されている。つまり消費税を社会保障財源とすることは，いままでの現役世代の保険料や税（所得税等）だけに頼ることのないようにするという方針転換のあらわれである。すでに見てきたように，少子高齢化が進むことで現役世代の負担が急速に重くなっている状況下で，現役世代がこれ以上社会保障システムの支えとなることは不可能であるとの判断である。また子ども・子育てへの支援が1つの柱となっていることは，その面でも現役世代へ恩恵が行き渡ることを目指すものといってよいだろう。

いったいどのような社会保障システムが望ましいのか。図9.9は，国民負

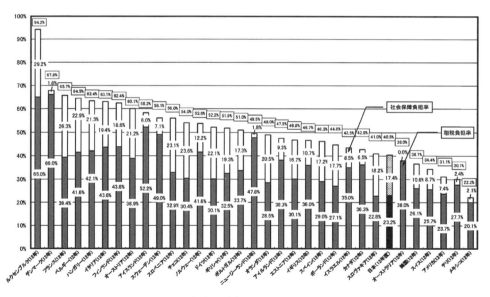

出所：財務省ホームページ

図9.9 国民負担率の比較

---

[8] もちろん，年金収入に対しても所得税が課税されるが，所得税の主な対象者は現役世代である。

担率,すなわち

$$国民負担率 = (租税 + 社会保険料)/国民所得$$

をOECD諸国に関して比較したものである。この中では一人当たりGDPで日本を上回る国々の多くが日本よりも国民負担率が高い。とくに2013年に1位となっている(2章参照)ルクセンブルクなどは,90%以上である。

これらのデータから「国民負担率が高ければ一人当たりGDPが高まる」などという結論は導けない。しかし社会保障のあり方としてどのような方向を目指すのかについて,他の国々と比較するのは意義のあることだろう。

補論　保険の経済学：情報の非対称性

我々の多くは,経済状態の変動を好まない。1年おきに大富豪のような生活と明日の食べ物にも困る生活を強制される場合と,そこそこの生活を毎年続けられる場合とでどちらを好むかと聞かれれば,多くの人が後者を好むのではないか[9]。

経済状態の変動というリスクを避けるために,人類は「保険」というシステムを「発明」した。ミクロ経済学の教科書では,リスクに対する態度が異なる主体の間で取引をすることによって双方の状態が改善すると教える[10]。その場合,どちらか一方がリスクをかぶらなければならない。もちろんリスクを取ることを好む,あるいはそれが可能である主体であれば問題はないが,とくに個人間ではとれるリスクには限界がある。すると,取引相手を見つけられずに人々はリスクから逃れられないこととなる。

この問題を解決する画期的な考え方が**大数の法則**である。大数の法則とは確率や統計学の用語で,試行回数を十分に大きくとれば,(本来不確実性を含むはずの)実際の結果と理論で予測した値が一致し,リスクが取り除かれることをいう。

たとえば,1年間の1%の確率で交通事故にあう人を考えよう。この人がある年に事故にあう確率は1%であり,不確実なものとなる。つまり,依然としてこの人は「事故にあうかもしれないし,あわないかもしれない」のである。

---

[9] もちろん,所得だけが大きな変化する場合は,貯蓄をすることによって変動を平準化することさえできればそれほど大きな問題ではないだろう。むしろ後に述べる期待値の大きさだけが重要なものとなるかもしれない。

[10] たとえば神取(2014)第8章

補論　保険の経済学：情報の非対称性　　　　　　　　　　　　　　　　　　　171

　ここで次の問題を考える。

「1年間に1％の確率で交通事故にあう人がn人いたとする。またそれぞれの人が事故にあう確率は独立であるとする。このとき，1年間に$(0.01 \times n)$人の人が事故にあう確率は何％か」

　つまり事故にあう人数が期待値に一致する確率は何％かという問題である。大数の法則は，nが十分に大きければ期待値に一致する確率は100％であると主張する。言い換えれば，期待値以外の人数が事故にあう確率はほぼゼロであると言っている。

　1人1人が事故にあう確率が依然として1％であり不確実性が残っている点を考えれば，この事実は極めて興味深い。本来不確実性のあるものが，全く不確実性がないものとなるからである。

　保険はこの性質を利用する。たとえば事故にあったときに，1000万円の被害があるとする。用心深い人は，事故に備えて1000万円を貯蓄しておくだろうが，もし事故にあうリスクがなければ他の用途に使うことができたかもしれない。別の人は「1％くらい」何もしないかもしれないが，事故にあう確率はゼロではないので，もしものときに大変困ることになる。

　しかしここで，事故にあう確率が1％の人を1000人が集まり，以下のようなルールを決める。

　　(1) いずれの参加者(加入者)も，毎年10万円払う。
　　(2) 事故にあった場合，皆から集めたお金から1000万円を受け取ることができる。事故にあわなければ，何も受け取ることはない。

　もしこれが実行可能であれば，慎重な人もそうでない人も10万円さえ払えばもしものときに1000万円を受け取ることができるので，「もしものときにどうするか」という心配をする必要がなくなる。

　このシステムは維持できるのか考えるべき点は，毎年1000人のうち何人くらいが事故にあうかである。資金としては10万円×1000人＝1億円しかないので，事故にあう人が10人を超えれば赤字，10人未満であれば黒字になる。たまたま事故にあう人が多い年があったり，少ない年があったりすると，結局リスクが残ってしまう。しかし大数の法則が教えるのは，十分に多くの参加者を集めることができれば，毎年事故にあう人数が10人で確定するので，1人10万円ずつ，全体で1億円あれば十分ということになる。

これを利用したのが保険会社である。手数料を加えた保険料を集めることで、加入者の所得変動リスクを取り除くことができるようになる。保険会社は手数料というメリット、加入者は所得変動を避けられるというメリットがあり、双方にとって利益がある。しかも保険会社も加入者もリスクにさらされることがない。存在していたリスクが消えたのである。

しかしこれには、2つの点で問題がある。

(1) 上のケースでは、加入者それぞれが事故にあう確率を等しいとおいている。もし事故にあう確率が異なり、しかもそれが私的情報である場合、よく知られた逆淘汰(adverse selection)の問題が生じる。逆淘汰とは、保険会社が加入者それぞれの事故にあう確率を区別できない場合、平均的なレベルの確率をもとに保険料を計算する。このとき、もし加入者側は自分が事故にあう確率を知っている場合には、あまり事故にあわない人にとって保険料は高すぎることになるので、保険会社が設定した保険料では高すぎると考える優良な人から加入することをやめる。その結果当初保険会社が設定していた保険料では不十分となるので、赤字を出すか、赤字を避けるためには保険料を引き上げるしかなくなる。するとさらに相対的に事故にあいにくい主体は保険会社を去ることとなり、残るのは事故にあいやすい人ばかりとなり、保険そのものが成立しなくなるのである。

　このような問題が発生する原因は、情報の非対称性のために保険会社が平均的な保険料を設定せざるを得ないことにある。実際には様々な工夫(事故にあわない期間が長いと値引きされる等)がなされているので必ずしも現実的とは言えないが、民間で保険を運営しようとするとこのような問題が発生する。

(2) もう一つの問題点は、加入者の事故にあう確率を独立と仮定している点である。自動車保険や火災保険、生命保険など現在民間で供給されている保険では、それらを仮定することに(一応)問題がなく、その結果それらは運営可能である。しかし雇用保険では、通常景気の悪いときに失業は発生しやすい。すなわち、景気の悪いときに雇用保険の給付を受けようとする人が増え、景気の良いときは受けようとする人が減るという意味で、個人と同じリスクを保険会社も背負うこととなる。つまり、リスクをゼロにすることが不可能となる。

これらの問題を回避する方法が，国や公的機関によって運営される保険システムである。先に(2)から説明しよう。(2)で紹介した雇用保険は，民間企業ではリスクを引き受けることが難しくなるものの代表例である。このとき，公的機関がリスクを引き受けることにより，制度を存続させるという方法がとられる。景気が悪化したときは雇用保険の収支が悪化するが，それについては一般会計予算から補てんされる。

　次に(1)に関しては，強制的にすべての人を保険に加入させることでリスクの分散を行い，保険料が上がりすぎるのを防ぐことができる。もちろん，依然として「事故」にあわない人にとっては不公平感が残るが，制度全体の消滅を防ぐことのデメリットに比べれば問題ではない。

　(1)が社会保障の中でももっとも大きな役割を果たす年金に対応する。年金制度は，「長生き」というリスクに対する保険なのである。長生きは事故と解釈できる。この点は違和感を覚えるかもしれないが，このように年金を理解することがもっとも自然である。

10
国債と租税

10.1 国債の累増

　国債とは，国が支出を行う際に，税収では賄いきれない部分を「借金」という形で調達する債券のことである。

　財政法第4条には，「国の歳出は原則として国債又は借入金以外の歳入をもって賄うこと」と規定されているので，国債の発行は原則として禁止されている。しかしただし書きに，公共事業費，出資金及び貸付金の財源については，例外的に国債発行又は借入金により調達することを認めている。この財政法第4条第1項ただし書きに基づいて発行される国債を建設国債と呼ぶ。

　しかしながら，建設国債でも国の歳出を賄うことができない場合，国会の議決を経て「特例として」国債を発行できる。このようにして発行される国債を特例国債と呼ぶ。一般会計歳入の中で国債の占める割合は年々高まり，ここ数年は40%以上を占めることが多くなっている（図10.1）。

　国債発行が続いた結果，我が国の公債残高は急速に増加し，2015年度末の普通国債残高は約812兆円となっている（図10.2）。そのうち，半分以上を占める534兆円が特例公債である。

　日本の公債残高がどれほどの規模であるかを知るために，その対GDP比を他の先進国と比較したのが図10.3である。他と比べて群を抜いて高い比率であることはあきらかである。この結果，満期を迎える国債の償還と利払

10.1 国債の累増

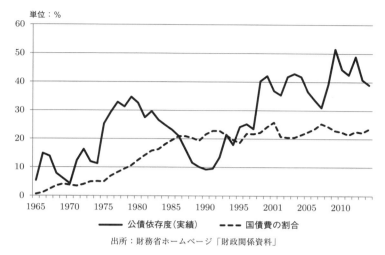

図 10.1 公債依存度と国債費の割合

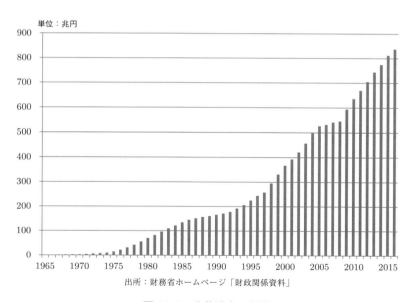

図 10.2 公債残高の推移

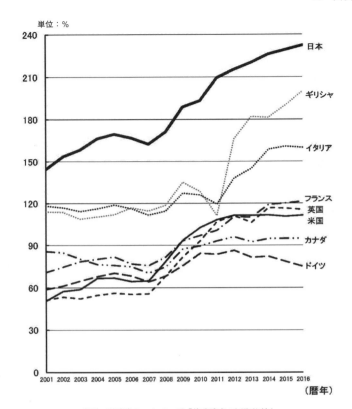

図 10.3　債務残高対 GDP 比の国際比較

いに充てられる国債費の割合は，一般会計予算においても 20％を超える割合となっている（図 10.1）

10.1.1　国債発行の問題点

　そもそも「借金」とはいけないことなのか。第 3 章補論であきらかにしたように，異時点間の資源配分という観点に立てば，借金が存在すること自体に問題はない。もし均衡予算にこだわるのであれば，好景気のときに政府支出が拡大し，不景気のときに政府支出を縮小することとなり，景気変動を拡

10.1 国債の累増

大させるおそれがある。その意味でも，国債発行による財政運営には問題があるとはいえない。

また金融資産の1つとして国債を考えれば，国債は貨幣以外でもっとも安全な資産である。その価値は政府によって裏打ちされ，利子の支払いは政府によって約束されている。国債に利子がつくのは，もっとも純粋な意味での流動性の放棄あるいは将来の割引分に対応するものである。ほかのあらゆる金融資産には，そこに必ずリスクの側面が入るはずである。この点を考慮に入れれば，「国債をゼロにする」というのは，金融機関や個人のポートフォリオを組むうえでの選択肢を減らすこととなる。国債残高をゼロにすることは現実的でない。

国債にはその期間にしたがって様々な種類がある。その意味では償還が必要であるが，通常は借り換えが行われるため問題にはならない。しかし借り換えのためには新たな国債を発行する必要があるから，新規国債が市場で売却されなければならない。問題はそれが実行可能となるかである。

国債残高が増加すれば，それにともなって借り換えに必要となる国債も増加し，債券市場を圧迫する。その結果利子率が上昇し，他の金融資産への圧力となり，民間企業の投資も妨げられるようになる。

利子がつく以上，元利均等払いであっても，残高が増えれば（償還期間が無限大であっても）1年当たりの支払額は増える[1]。その額がGDPを上回るようであれば，実行不可能である。古くから言われる国債の問題点は，そのような借金返済の負担を，意思決定に参加していない世代に強いる点である。個人の意思決定であれば，「若い時の自分の借金を老後に『自分が』返済する」となるので，納得できるものである。もちろん，子や孫世代にも恩恵があると考えれば，その負担の一部をそれらの世代にも負わせることは正当化される。しかしそれが，経常的費用のような後の世代への恩恵につながらない支出を賄うことに用いられるのであれば，それは正当化されないであろう。

---

[1] この点について本章補論で説明した。

10.1.2 「果たして返せるのか」をめぐる問題

　国債について，通常の家計の感覚で，「返せる」「返せない」を議論することには全く意味がないといってよい。家計の資産選択の上でも，国債は重要な役割を果たしているわけだから，「国債ゼロ」となることは資産選択にも影響を与えることになる。また，たとえば何らかの建造物を建てたときに，その恩恵が長期にわたってもたらされるものであるならば，それを建設するための費用を，長期にわたって分割することは非難されるべきでない。

　また，家計の感覚との大きな違いは，「国は永遠に続くもの」という想定ができる点である。家計の場合には，「65 歳で定年になり，それ以降は年金に頼るしかない」という期間の制約が加わるので，「何年で払いきれるのか」という点を考慮に入れる必要がある。そのために，「今後の年収や x 年後に定年になることを考えたときに，このような借金があってよいのか」という問題意識は成立するが，「無限に払い続けることを前提とすれば，いくら借金をしてもかまわない」ことになる。ある借金を返す期限が決まっているのなら，その借金を返すために別の主体から借りればよいのである。実際これは**借換債**という形で発行される。

　最後の「別の主体から借りればよい」という点が重要である。別の主体から借りなければならない分がそれほど多くない場合には，ある程度利回りが確保されているのならば，資産選択の一環として国債を保有しようという主体を簡単に見つけることができる。しかし，借りなければならない分が非常に大きくなると，それはどんどん難しくなり，ついには見つからなくなるほど大きくなる。そのとき，国債の信用は失われることになる。

　たとえば日本の家計金融資産残高は，2015 年 12 月末で 1700 兆円である。日本のすべての家計が金融資産を国債で保有する用意があるならば，外国に頼らなくても国債残高は少なくとも 1700 兆円にまで増やすことができる。しかし，国債が借金である以上当然利子は払わなければならないので，実際にはこれよりも低い数値となる。これに対して，2016 年 6 月末の普通国債残高は約 816.8 兆円である。利子率を一定とすれば，複利の借金残高の増加スピードは急激に速まる。このままのペースでは近い将来に 1700 兆円に達する。そのとき，外国に国債の引き受け先を見つけ出さなければならないが，

果たしてそれが見つかるであろうか。

　このような問題を発生させないようにするには，日本の国債吸収力を高めることも一つの方法である。つまり，GDPを増やして国債を買い取れるようになれば，国債の吸収は可能になるかもしれない。しかし，国債の吸収を可能とするようなGDPの伸びを実現するには，民間企業が積極的に投資を行うことが必要になる。つまり，民間に資金が潤沢に回ることが必要になるが，資金が国債に吸収されればそれは不可能である。

　もう一つ考えられる方法は，プライマリー・バランスの議論にもあるとおり，残高を増やさないために，国債発行を増やさない財政運営を行うことである。それは，歳出削減か増税か，あるいはその両方しかない。以下に見るように，前者はかなり困難である。後者については，消費税増税について活発に議論されているが，政治的に受け入れられにくい。「現在の公共サービスには増税が必要である」といくら叫んでみても，「どこかにムダがあるはずだ」「それを減らせば増税しなくてもよいはずだ」という主張のほうが政治的には受け入れられやすく，なかなか増税には進まない。2009年秋に行われた「仕分け作業」からも明らかなように，実際に行政の非効率は存在すると言えるのだろう（だがこれも，Aから見ればムダな支出であっても，Bから見ればムダではない，Bが生きて行くには必要だという支出もあるので，ムダかどうかの判定はきわめて難しい）。しかし，租税システムを現在のままで変えずに，国債の増加を抑えながら公共サービスを維持できるとは考えにくい。

　「歳出削減と経済成長の両立」「租税体系の見直し」といった困難な課題を克服せざるを得ない状況にある。

10.2　日本の租税システム

　次に，日本の財政を支える最も重要な柱である租税について考えることにしよう。

　我々は，日常生活の様々な場面で税を納めている。財務省ホームページにある国税・地方税の税目・内訳には，48の項目が並んでいる（表10.1）。

　平成28年度予算では，租税及び印紙収入総額約58兆円のうち所得税が

表 10.1 国税・地方税の税目・一覧

	国税	地方税		国税	地方税
所得課税	所得税 法人税 地方法人特別税 復興特別所得税 地方法人税	個人住民税 個人事業税 法人住民税 法人事業税 道府県民税利子割 道府県民税配当割 道府県民税株式等譲渡所得割	消費課税	消費税 酒税 たばこ税 たばこ特別税 揮発油税 地方揮発油税 石油ガス税 自動車重量税 航空機燃料税 石油石炭税 電源開発促進税 関税 とん税 特別とん税	地方消費税 地方たばこ税 軽油引取税 自動車取得税 ゴルフ場利用税 入湯税 自動車税 軽自動車税 鉱産税 狩猟税 鉱区税
資産課税等	相続税・贈与税 登録免許税 印紙税	不動産取得税 固定資産税 都市計画税 事業所税 特別土地保有税 法定外普通税 法定外目的税			

出所:財務省ホームページ

31.2%,法人税が 21.2%,消費税が 29.8%を占める。つまりこの 3 つで 75%以上を占め,残りの 23.4%を様々な税が占めている。地方税でも,所得税に対応する個人住民税が 32.3%,法人住民税・法人事業税で 16.8%,地方消費税が 12.5%と,大きな割合を占めている。地方の場合は,この他に固定資産税が 22.5%で大きな割合を占めている。

以下では,とくに所得税,法人税,消費税について紹介する。

10.2.1 所 得 税

所得税は個人の所得にかかる税金である。2015 年度分より 5%から 45%の 7 段階になっており,高い所得の人ほど平均税率(支払う税額を所得でわったもの)が大きくなるようになっている。これは所得再分配機能,あるいはビルトインスタビライザー効果[2]が考えられる。

「高所得者の税負担は重く,低所得者の税負担は軽く」という主張をもっと

もらしいと感じる人も多いだろう。これを根拠に，選挙では「金持ち優遇の税体系を改め，高所得者の税率をアップし，低所得者を減税すべきである」といった主張が叫ばれる。しかしこれは果たして望ましいのだろうか。様々な反論が考えられる。

(1) 高所得者は，それなりの努力やリスクをとることによって，その収入を得ることに成功した場合も多い。そのような努力等に対する報酬が高所得であると考えれば，なぜそこで高い税金を払わねばならないのか。

(2) あまりにも重い税金が高所得者に課されるようになると，人々は高所得者になることを嫌がるようになり，働く時間を減らすなど選択が歪む。あるいは，税金を逃れよう(節税)とすることに労力を費やすこととなり，時間の無駄である。

(3) (2)と関連するが，若い世代はいま低所得であったとしても，将来高所得となるかもしれない。将来税金が高くなるのがあきらかであれば，若い人たちは努力をしなくなるのではないか。

所得税には，所得捕捉率の不公平が問題視されている。源泉徴収されるサラリーマンに比べ，申告納税の自営業者の所得は税務当局の把握が難しい。「自営業者はサラリーマンに比べるとリスクにさらされている」という主張や，自営業者の所得を完全に把握しようとすれば多大がコストがかかる点を考えると，不公平を是正することは難しい。その点についてはむしろ消費税の役割に期待する声もある。

10.2.2 法人税

企業の利潤に対して課される税を**法人税**と呼ぶ。一般会計予算の歳入項目の中では10%余りを占めている。

法人税は，利潤に対して課される税であるので，会計上利潤を出していない(赤字の)企業は払う必要がない。そこまで極端でなかったとしても，利潤を小さく見せることができれば支払う税額をおさえることができる。しか

---

[2] 好況期に所得の伸び以上に税負担が増えることで支出増を抑え，逆に不況期に所得の減少幅以上に税負担が軽くなることで支出の落ち込みを緩和することで景気の変動を抑える効果。

し，利潤があまりにも小さければ（あるいは小さい状態が続けば）投資家の支持を失い，資本市場での資金調達が難しくなる。あるいは，銀行からの借り入れも難しくなる。もちろん，虚偽の申告を行えば脱税となり罰則がある。

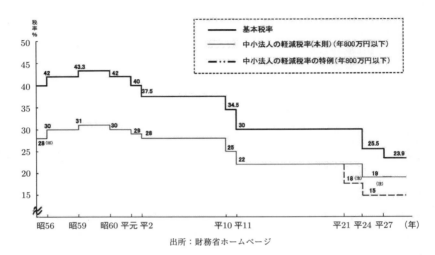

図10.4　法人税率の推移

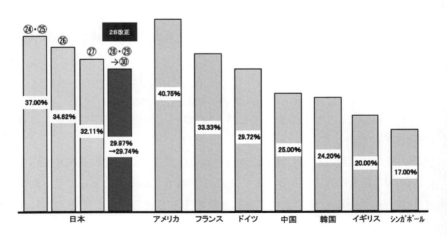

図10.5　法人実効税率の国際比較

日本の法人税率は，1970年代から80年代までは40％を超える水準であったが，近年は20％台前半にまで低下している(図10.4)。この原因は，日本の法人税率が諸外国に比べ高く，空洞化の原因になっているという指摘があったからである(図10.5)。

経済のグローバル化が進み，原材料や労働力の調達コスト，為替レート，カントリーリスクなどを考慮に入れて企業は海外進出を行う。その際法人税率も重要な意思決定要因となる。高い法人税率が企業の海外進出，空洞化を促進すると言われているが，もちろんそれだけではないはずなので，一概には言えないが，重要な1つの要因である。

10.2.3 消費税

現在税収の中で所得税に次ぐ割合を占めるのが消費税である。1988年4月に3％の税率で導入され，その後1997年4月には5％，2014年4月は8％に引き上げられた。さらに2015年10月に10％まで税率が引き上げられることとなっていたが，8％への引き上げの影響が思ったよりも深刻であったため2回にわたって延期され，2019年10月に引き上げの予定となっている。

消費税は，収入のない子供でも買い物をすれば支払わなければならない税である。また消費税の引き上げの歴史を見ると，導入した1988年こそバブル景気まっただ中で景気への影響は少なかったと言えるであろうが，1997年も2014年も日本は景気後退を経験した。なぜこのような税を導入する必要があるのか，あるいは引き上げる必要があるのか。「税収の確保」が目的であるのはもちろんであるが，なぜ他の税ではダメなのか。これらについて，日本の財政をめぐる環境，社会保障が直面する問題などすべてを考慮に入れて議論する必要がある。

10.2.4 国民負担率

税負担を軽いという人はおそらくいない。働いて稼いだものから「税だから」といって取られることは気分のよいものではない。通常の財・サービスの取引のように，それらと対価とが1対1で対応していればまだ納得できるが，公共サービスは対応が難しいし，また所得再分配の目的もあるので，

「払った分のサービスを受け取っているか」という点が明確ではない。そのため，どうしても不満が残ってしまう。

公共サービスと負担との間の関係が適切なものかどうかについて測定することは難しいので，9.2節で紹介した日本と日本以外の国々とを国民負担率という指標によって比較することにしよう。

1国全体のGDPで比較するならば，世界第1位のアメリカ，第3位の日本が下位にあることから，国民負担率の低い方がGDPは大きいという傾向がいえるかもしれないが，1人当たりGDP（第2章参照）と比較すれば，ルクセンブルクやノルウェー，デンマークなど，1人当たりGDPで上位10ヵ国に入る国々の負担率が高い。

もちろん国の規模や制度・文化等の問題もあるので，「国民負担率を上げれば1人当たりGDPが上昇する」などという結論は得られないだろう[3]。

10.2.5 「無駄をなくす」は可能なのだろうか

消費税増税に関する議論でも，街の声を聞くインタビューでは「無駄に使われている部分があるはずだから，増税する前にまずそこを減らしてほしい」という意見が繰り返し報道され，また毎回の選挙でも「無駄をなくし，減税する」と主張する政党が必ず存在する。では本当に無駄は存在するのであろうか。

毎年の予算は，必ず会計検査院による決算報告を必要とする。その際，毎年のように無駄が指摘されるが，その額は予算全体からすると微々たるものであり，大きな減税につながるものとはとても言えない。

「人間が通るよりもクマが通るほうが多いような道路を造るのは税金の無駄遣いだ」というたとえは数年前からよく言われるようになった。本当にこれは何のために造ったのだろうという道もあるかもしれないが，ある集落にとってその道は生活道路であり，その道路がなければ急病人を運ぶこともできなくなるかもしれない。また場所によっては産業がなく，道路工事のような公共事業で街が支えられているという場合もあるかもしれない。つまり，当事者以外には一見すると無駄に見えるものであっても，それが無駄ではな

---

[3] たとえば1人当たりGDPで第4位のスイスは，日本よりも国民負担率が低い。

い，あるいは生活を維持するのに不可欠である場合もある。そのとき，「無駄だから切る」ということはできるだろうか。むしろ，それを無駄だと判定する側からすれば，それを削った場合のメリットは1人あたりに直せば微々たるものになるが，当事者にとっては生活が懸かっているとなれば，だいたい当事者の主張が通りやすい。

筆者は，無駄が全くないから削るべき部分はないというつもりはない。安易に「無駄をなくせ」という人は，いったいどこまでを無駄と考えているのだろうか。とくに直接意思決定にかかわることとなる政治家は，本当に根拠をもってそれを主張しているのだろうか。はなはだ疑問である。

10.2.6 所得税・消費税課税について注意すべき点

10%への消費税率引き上げを巡り，2015年後半に軽減税率が話題になった。消費者の痛税感を和らげるために，消費者にとって必需品ともいえる食料品等に関しては8%への据え置きが主張された。

一見するともっともらしいこの主張も，ミクロ経済学における効率性の観点からすると問題点がある[4]。その核心は，課税が消費者の選択にゆがみをもたらす場合，非効率性が生じる可能性があるという点である。

少し極端な例をあげよう。牛肉には価格に対して100%の課税，豚肉には1%の課税を行うとする。このとき，よほど牛肉に強いこだわりのある消費者である場合を除き，牛肉を食べる回数を減らし，豚肉を食べる回数を増やすであろう。そのような税さえなければ消費していた（欲しがっていた）牛肉を，税があるためにその消費を減らさざるを得なくなる。これがもし牛肉にも豚肉にも同じ税率がかかっていたならば，おそらく相対的な回数は税が導入される前と比べて変わらないであろう。その意味で牛肉と豚肉の間の選択に関しては，税は中立的である[5]。

「金持ちの税負担は重く，貧乏な人の税負担は軽く」という主張も似ている。もちろん担税能力という点ではあきらかな差があるので，ある程度負担に差があるのは仕方ないのかもしれない。しかしながら，高所得者であると

---

[4] 本章補論参照。
[5] 他の財に課税されないのであれば，肉の消費自体は減る可能性はある。

いう理由であまりにも負担が重くなるのであれば，所得をおさえるために働く時間を減らしたり，「課税逃れ(節税)」のために時間や資源を費やしたりするなど，同様の非効率性が生じる可能性がある。

その点からすると，「薄く広く」を目指す消費税は望ましい。また消費税には，現役世代への過重な負担を和らげる効果があるという点でも望ましい。所得税中心の税体系をとると，現在働いて所得を得ている世代が社会保障支出などを負担することとなる[6]。今後ますます高齢者の割合が増える中で，十分な収入を得ている年金生活者にも応分の負担を求めるには，消費税を薄く広く課税することは避けられない。

補論1　公債の中立命題

景気が悪いとき，(有効)需要を増やすために政府は様々な景気対策を行う。最近では公共事業の実施は無駄が多いという批判が多くあまり話題に上ることは少ないが(実際，予算に占める公共事業の割合は年々低下している)，減税や様々な手当などが行われることは多い。これらの政策の財源は，公債の発行である。

素朴なケインズ型消費関数のモデルに従えば，減税は可処分所得を増やし，消費を増やし，均衡GDPを増加させる。すなわち，景気刺激に成功する。IS-LMモデルのような公債発行による利子率の上昇まで考慮に入れたモデルでも，利子率を一定としたモデルに比べればクラウディングアウトによって一部刺激が相殺されるにしても，プラスの効果がある。

しかしながら，家計が公債の発行を「将来の増税」ととらえた場合，一時的な減税によって可処分所得が増えたとしても，将来の増税に備えてその増加分を貯蓄に回すと考えれば，消費は増えず，政府が意図したほどの景気刺激にはつながらないと考えることができる。これを，経済学者リカード(David Ricardo, 1772-1823)にちなみ，リカードの中立命題とよぶ。

リカードの中立命題は1世代内の増税を予想する行動である。では世代にまたがる増税を政府が確約することができれば問題はないのか，という疑問に対しては，もし家計が子や孫世代の生活を考慮に入れるのであれば同様のことが起きると主張したのがバロー(Robert J. Barro, 1944-)であり，バローの中立命題と呼ばれる。

---

[6] すでに見たように，年金給付の半分は税負担である。

以上2つの命題は，第3章でとりあげた消費者の貯蓄行動モデルの応用である。一時的な所得の増加があっても，それが生涯にわたる予算制約に変化を与えないのであれば，消費者の消費や貯蓄行動には影響を与えない，と述べていることにほかならない。

「可処分所得の増加は消費を増やす」と考える素朴なケインズモデルも，「生涯の予算制約が変わらないと予想するのであれば減税は消費を増やさない」と考える中立命題の主張も，現在の日本の状況を考えればいずれも極端であろう。前者に関して言えば，日本が抱える「国の借金」(正確に言えば日本国政府の国民や国外に対する借金)残高に関する認識はかなり広まっており，景気刺激策が思ったほどの効果をあげていないのは確かであろう。しかし同時に，「現在の増税は将来の増税分を減らすことになるので，消費を変えない」という主張も極端ではないだろうか。実際消費税増税によって景気が落ち込むことが多いことを考えれば，そこまで単純ではないだろう。

補論2　元利均等払いの毎月支払額と公債残高の解消

元利均等払いの毎月の支払額を求める公式は，以下のようになる。

借入額 L を，利率を r，返済回数を n とすると，毎回の支払額 M は，

$$M = L \times r \times \frac{(1+r)^n}{(1+r)^n - 1}$$

となる。導出方法については，住宅ローンに関するホームページなどに載っているので省略する。

国債や借入金，政府短期証券を合わせた「国の借金」の残高は，2016年6月末で1053兆4676億円となった。いま新たに借金はしないと仮定し，利率を0.01，支払い回数を無限回としたとしても，年に 1053兆 × 0.01 = 10兆円余りの返済額が必要となる。

これは，いくら返済期間が無限回であったとしても，残高が増えればそれだけ1回あたりの返済額が増え，予算を圧迫し，裁量的支出に回せる金額が減ることを表している。平成28年度(2016年度)予算では，国債への元利支払いを表す国債費は一般会計予算における歳出の24.4%，23兆6千億円あまりとなっている。先ほどの図によれば，1960年にはひとけた台の割合であった国債費は年々上昇し，プライマリーバランスを黒字化する(元金を減らす)しない限りこの割合はますます上昇する。

補論3　消費者行動理論による消費税の分析：軽減税率の問題

　消費税増税に関する議論が盛んになった2015年後半,「生活必需品については減税をすべきである(あるいは増税しない)」という提案が各所でなされた。一見するともっともらしいが,ミクロ経済学の効率性の観点からは,この主張には問題がある。その点を無差別曲線図を用いて考えてみよう。

　いま,X財の価格もY財の価格も2とおき,所得を48とする。また効用関数を$U(X,Y) = X \times Y$とおく。いま,X財のみに50%の税金がかかるとする。すると,予算制約を表す式は,

$$2 \times (1 + 0.5)X + 2 \times Y = 48$$

となり,この制約のもとで効用を最大にするX, Yは$X = 8$, $Y = 12$である。このとき,消費者が支払う税額は$2 \times 0.5 \times 8 = 8$,効用水準は96である。

　ここで,X財にもY財にも同率の税率tで課税し,同じ税収を得る問題を考える。若干面倒な計算が必要となるが,結果だけ確認して欲しい。問題は,

$$2 \times (1 + t)X + 2 \times (1 + t)Y = 48$$

という制約のもとで効用を最大にする$X(t), Y(t)$を求め,それが

$$2tX(t) + 2tY(t) = 8$$

となるようなtを求めるという問題である。簡単な計算により,与えられたtに対して効用を最大にする$X(t), Y(t)$は,

$$X(t) = Y(t) = \frac{24}{1+t}$$

となるから,

$$2 \times \frac{2 \times t \times 24}{1+t} = 8$$

を満たすtを求めると,$t = 1/5$が求まる。両財に税がかかることになるので,同じ税収を得るための税率が片方のみの場合に比べて下がるのは当然である。

　$t = 1/5$を代入すると,$X = Y = 10$となるから,効用水準は100となる。つまり,一方のみではなく両方に課税することによって,同じ税収で達成できる効用水準は高まる。片方のみに課税することは,同じ税収のもとで効用水準が低下するという意味で非効率的なのである[7]。

補論3　消費者行動理論による消費税の分析：軽減税率の問題　　　　　　　189

　この点は図示することであきらかになる（図10.6）。もとの予算制約線とA，B点までの垂直方向の距離は，ともに税収をあらわしている。Aをとおる無差別曲線はX財にのみ課税した場合の効用水準に対応し，Bをとおる無差別曲線はX，Y財両方に課税した場合の効用水準に対応する。垂直方向の距離はいずれも等しいが，効用水準はBをとおるときのほうが高い。

　課税が人々の行動を変化させ，その結果資源配分を歪める（非効率的な資源配分が生じる）ことは，消費税に限らず，所得税でも起きる。もちろん我々が経済を考える際には，資源配分の効率性だけでなく，所得分配の問題まで考える必要があるのはあきらかであるが，後者の問題を考える際にどこまで効率性が犠牲になることを許容するのかは議論の分かれるところであろう。むしろ，「貧しい人も購入する必要のあるものは課税しないほうがよい」といったもっともらしい（有権者にアピールしやすい）主張も注意して聞くべきであるという点を指摘しておきたい。

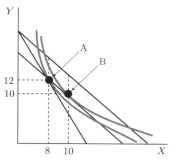

図10.6　軽減税率の影響

---

[7] なぜこのようなことが起きるかといえば，一方のみに課税することによって相対価格が変化するために，代替効果によって消費者の選択が歪められるからである。詳細についてはミクロ経済学のテキストを参照のこと。

11
世界の中の日本経済

　この章では，日本と世界との関係について，国際貿易と国際金融の側面から眺めていく。とくに 2011 年以降，日本では TPP（環太平洋パートナーシップ協定）を巡り，国論を二分するといってもよい議論が行われた。経済を通じた外国との関係は，今後もずっと日本にとって重要問題であり続けるだろう。

11.1　日本と世界の関係を見る視点

　国土も狭く，また天然資源の少ない日本にとって，諸外国との貿易は国民生活を支える上で不可欠である。また「交換は人々の生活を豊かにする」という単純なルールからもあきらかだが，たとえ自給自足で国民の暮らしをなんとか賄えるような国であっても，他国と取引を行うことによって貿易のない場合に比べて人々は豊かな生活をおくることができる。

　日本が江戸時代のように鎖国状態に陥り，外国との取引が不可能となれば，我々は江戸時代並みの暮らしに戻らなければならない……というのは言い過ぎかもしれない。しかし，今よりも生活水準が低下することは確実である。我々の生活は輸入された財なしには成り立たないであろうし，海外との取引によって収入を得ている人も多い。この狭い島国で，これだけの人数の生活を維持するには外国との貿易は不可欠である。これは言うまでもないことであるが，外国との取引に関わる様々な問題で見過ごされているように思

11.1 日本と世界の関係を見る視点

えることがしばしばあるので，いちおう確認しておこう。

我々は第1章で，「交換は当事者すべてを豊かにする」と学んだ。日本が外国との取引に頼っているからと言って，何もかも相手の利益に沿うように行動すべきである，と考えるのはおかしい。外国も，日本との取引によって利益を得ている。このことは，外国への経済援助が単なる「寄付」ではなく，援助することによってその国が経済発展をすれば新たな貿易パートナーとして日本にとってビジネスチャンスを生むことになる点からもあきらかである。適切に行われる貿易は，日本に限らずあらゆる国にとって利益になる。これは，第1章で学んだことを，個人のレベル，消費者と企業の間のレベルから，国同士のレベルに引き上げたに過ぎない。

国際的な取引についても，「モノの流れ」と「おカネの流れ」の2種類がある。モノの流れにあたるものが国際貿易に関する議論であり，おカネの流れにあたる部分が国際金融に関する議論である。この2つが切っても切れない関係にあるのはあきらかであるが，国際経済を理解するうえでは2つを分けて考えていくとわかりやすいので，この章では順番に考えていく。

一国内での経済活動を支える上で，政府はもっとも基本的なインフラとして様々な法制度などを提供し，ときには経済活動に法的な根拠に基づいて介入する。それは，ときには強制力を伴うこともある。ところが貿易活動などでは，国ごとに法制度が異なる場合もあるので，仲裁が難しいと言う意味で様々な問題が発生する。また企業が現地生産を行う場合でも，慣習や文化の違いが摩擦を生むこともある。それらを理解することも，日本と諸外国との関係を考えていくには重要である。

11.1.1 貿易相手国

図11.1にあるように，輸出入総額で見ると，2006年までは米国が1位であったが，2007年以降は中国となっている。近年，日本経済にとって中国の存在が非常に大きくなってきていることをよく表しているといえよう。中国の経済成長は，日本の貿易相手国としてだけでなく，世界経済においてもその地位は高まっている。

日本と中国の関係は，数年前までは安い労働力を利用した生産拠点という

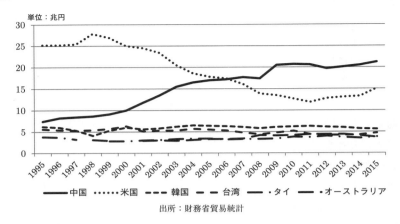

図 11.1　貿易相手国上位6ヵ国(輸出入総額：年ベース)

位置づけであった。しかし近年では，むしろ経済成長著しい中国の需要に依存するという状況となっている。日本が 2000 年代後半に低水準ではあるが好況期を経験したのは，海外の景気回復の影響であった。サブプライムローン前夜の米国だけでなく，中国の著しい経済成長が日本経済の復活を支えている。

また最近では，様々な自由貿易協定とブロック化が進んでいる。2011 年 11 月の TPP に関する議論では，「なんらかの自由貿易ブロックに加わらないと，日本が閉め出される」という発想に基づいている。TPP については 11.6 節で取り上げる。

11.1.2　国際収支の指標

一定期間中に一国の居住者と非居住者との間でなされたすべての経済取引の決済金額を体系的に記録したものを国際収支と呼ぶ。国際収支関連統計は，2014 年に大きな変更があった。従来の経常収支，資本収支，その他外貨準備増減と誤差脱漏という分け方から，**経常収支，資本移転収支，金融収支**と誤差脱漏という分け方となった。それぞれの項目は表 11.1 にまとめられる。

この中で，経常収支，資本移転等収支，金融収支の間には，

11.1 日本と世界の関係を見る視点

表 11.1 国際収支統計の用語

◎ 経常収支   　金融収支に計上される取引以外の，居住者・非居住者間で債権・債務の移動を伴う全ての取引の収支状況を示す。   　○ 貿易・サービス収支   　　　貿易収支及びサービス収支の合計。実体取引に伴う収支状況を示す。   　　・貿易収支   　　　　　財貨(物)の輸出入の収支を示す。国内居住者と外国人(非居住者)との間のモノ(財貨)の取引(輸出入)を計上する。   　　・サービス収支   　　　　　サービス取引の収支を示す。   　　　　　（サービス収支の主な項目）   　　　　　　輸送：国際貨物，旅客運賃の受取・支払   　　　　　　旅行：訪日外国人旅行者・日本人海外旅行者の宿泊費，飲食費等の受取・支払   　　　　　　金融：証券売買等に係る手数料等の受取・支払   　　　　　　知的財産権等使用料：特許権，著作権等の使用料の受取・支払   　○ 第一次所得収支   　　　対外金融債権・債務から生じる利子・配当金等の収支状況を示す。   　　　（第一次所得収支の主な項目）   　　　　　直接投資収益：親会社と子会社との間の配当金・利子等の受取・支払   　　　　　証券投資収益：株式配当金及び債券利子の受取・支払   　　　　　その他投資収益：貸付・借入，預金等に係る利子の受取・支払   　○ 第二次所得収支   　　　居住者と非居住者との間の対価を伴わない資産の提供に係る収支状況を示す。官民の無償資金協力，寄付，贈与の受払等を計上する。   ◎ 資本移転等収支   　対価の受領を伴わない固定資産の提供，債務免除のほか，非生産・非金融資産の取得処分等の収支状況を示す。   ◎ 金融収支   　金融資産にかかる居住者と非居住者間の債権・債務の移動を伴う取引の収支状況を示す。   　直接投資，証券投資，金融派生商品，その他投資，外貨準備からなる   ◎ 誤差脱漏

$$経常収支 + 資本移転等収支 - 金融収支 + 誤差脱漏 = 0$$

という関係が成立している。この関係は，図 11.2 によくあらわれている。経常収支，金融収支がほぼ同じ大きさで合計がゼロ，資本移転収支と誤差脱漏がいずれもゼロに近い。

経常収支を構成するのは，財・サービスの取引(輸出入)によって決まる**貿**

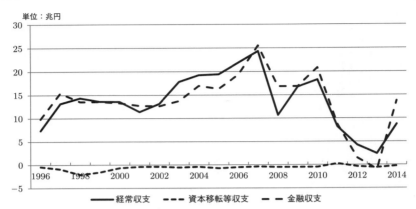

図 11.2　経常収支，資本移転収支，金融収支の推移

易・サービス収支と，対外資産の利子収入や利子支払によって決まる第一次所得収支によってそのほとんどが決まる。最初に，貿易・サービス収支を取り上げる。

図 11.3 に示すように，1996 年頃から 2007 年くらいまでは，貿易収支が 10 から 15 兆円の黒字，サービス収支が 5 兆円前後の赤字，貿易・サービス収支

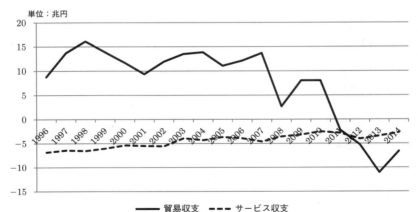

図 11.3　貿易・サービス収支

11.1 日本と世界の関係を見る視点

では5兆円前後の黒字となっていた。しかし2008年度以降，急速に貿易収支が赤字化して10兆円前後の赤字となった結果，貿易・サービス収支全体では15兆円前後の赤字となっている[1]。

　この現象には様々な要因が考えられる。2008年以降の貿易収支の黒字減少については，リーマンショックによる世界的な不況によって輸出が減少したことがあげられる。輸出はリーマンショック以前までには伸びていない。それに対して輸入については，東日本大震災以降原油の輸入が増加し，その結果貿易収支の悪化を招くこととなっている点，また円安が進んで一時的に輸入の絶対額が伸びている点があげられる。

　今後世界経済の成長に伴う輸出の増加が日本経済を引っ張っていくことになるかといえば，必ずしもそれは言えないのではないかというのが大方の見方であろう。というのも，2013年以降のアベノミクスの動きの中で，為替レートが大幅に円安となって輸出の増加が期待されたが，それほど輸出は伸びていない。この理由は，多くの企業が現地生産に切り替えたためと考えられるからである。

　このように輸出入の「差額」である貿易収支の観点からすると黒字，赤字(の絶対値)が減少傾向にあるので，貿易が不活発になっているように見えるかもしれない。しかし輸出と輸入をそれぞれ眺めると図11.4のようになる。

　1990年代後半に輸出入ともに停滞していたが，2000年代に入ると急速に伸びた。2008年のリーマンショックによって大きく落ち込んだが，2009年以降は回復傾向にあり，輸出はまだ2007年を超えていないが，輸入はリーマン前を上回っている。

　第一次所得収支は，対外金融債権・債務から生じる利子・配当の収支を表す。**対外純資産残高**と結びつけた図によってその動きを追うことにしたのが図11.5である。対外純資産残高も第一次所得収支も，一応「傾向」としては増加していると言える。しかし対外純資産残高についてはそれほど安定的な傾向(増加あるいは減少)は見られない。

　経常収支を構成する主な要素である貿易収支と第一次所得収支について，

---

[1] 2015年度には，貿易収支は5419億円の黒字，サービス収支は1兆1451億円の赤字で，貿易・サービス収支全体では依然として赤字である。

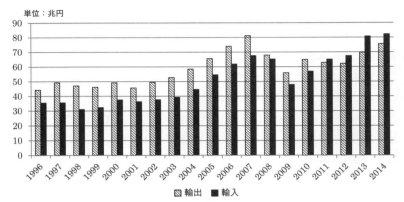

出所:財務省「国際収支総括表」

図11.4 輸出入額の推移

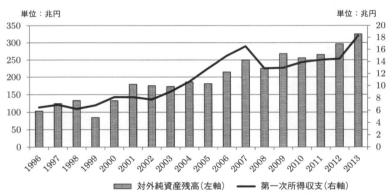

出所:第一次所得収支は財務省「国際収支総括表」。対外純資産残高は平成27年度経済財政白書「長期統計」

図11.5 対外純資産残高(単位:10億円,財務省HPより)と第一次所得収支の比較

　貿易収支赤字を支出,第一次所得収支の黒字を利子収入と見なせば,近年の日本全体の状況は,対外資産の利子から得た収入で支出を賄っている状況だととらえられる。

　すると,安定的に利子収入が得られ,また支出額もそれほど変わらないの

であれば，とくに問題はないはずである。また支出額が増えることがあっても，その分利子収入が増えるのであれば，日本全体として全く問題はない。

しかし，支出が収入を上回る状況が持続すると，日本全体で考えればそれは利子収入の源泉となる対外資産を取り崩す必要があることを意味する。そのとき，支出が減少すれば再び収支はバランスすることとなるが，支出が変わらなければ対外資産の一層の減少を招き，経常収支赤字は拡大する。すると，一層対外資産は減少し……という流れが生じる可能性がある。

11.1.3 金融収支ほかについて

金融収支は，直接投資，証券投資，金融派生商品，その他投資及び外貨準備の合計。すなわち金融資産にかかる居住者と非居住者間の債権・債務の移動を伴う取引の収支状況を示す。従来の**資本収支**に近い概念である。資本収支としてとらえられていた時代は，「資金の流出が流入を上回るとマイナス（赤字）」とみなされていたので，経常収支の黒字分を直接投資や証券投資に回すことから，「経常収支の黒字 = 資本収支の赤字」の関係が基本的に成立していた（外貨準備等は除く）。しかし金融収支という概念が用いられることになって，そのような投資はプラスのものとして計上されることになった。

全体として見ると，2011年以降，金融収支は急速に悪化，2013年には赤字になっていることがわかる（図11.6）。これは，経常収支の黒字が縮小したこ

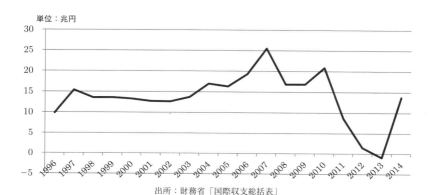

出所：財務省「国際収支総括表」

図 11.6 金融収支

とで，経常収支の黒字による資金の流出が減っていることを表している。

　資本移転収支は，対価の受領を伴わない固定資産の提供，債務免除のほか，非生産的，非金融資産の取得処分等の収支状況を示している。

11.2 為替レートとマクロ経済政策

11.2.1 様々な為替レート指標

　為替レートとは，自国通貨と外国通貨との交換比率である。EU 諸国のように，異なる国の間でもユーロという共通の通貨を利用することはあるが，多くの場合1国1通貨単位である。異なる通貨を使用している国々の間では，当然異なる通貨単位を利用しており，それらの国々の間で取引をするには，異なる通貨の相対的価値を何らかの形で決めておかなければならない。それが為替レートである。

　毎日のニュースで取り上げられる為替レートだけでなく，相対価格を表す指標には様々なものがある。むしろ「様々なものがある」ことを認識することで，為替レートの上がり下がりに一喜一憂することを避けられる。ここでは，為替レートをめぐる様々な概念を紹介する。

名目為替レート

　名目為替レートとは，我々にもっともなじみのある為替レートである。たとえば日々のニュースで報道される円ドル・レートならば，「1 ドルは何円と交換できるか」である。もちろん円ドル・レートに限らず，他の通貨との間にも成立する。

　日本は変動為替相場制をとっており，為替レートは為替市場における需要と供給で決まる。ドルを円に換えようとする動きが強まれば円高ドル安となり，逆の場合には円安ドル高となる。1970 年代以降生まれの人には当たり前のようであるが，日本が変動為替相場制に移行したのは 1973 年のことである。またドルに完全にリンクした(ペッグした)通貨も少なくないので，変動為替相場制は国際的にも常識というわけではない。

　為替レートについては，様々な金融機関がリアルタイムで公表している。

11.2 為替レートとマクロ経済政策

長期的な推移についてもインターネットを調べればわかる。このようなことが行われているのは，為替レートの変動から利益や損失が生まれるからである。たとえば，日本国内に住む人が1ドル100円のときに1万ドル分のドルを買い，1ドル120円になったときに円に換えれば，100万円で買ったもの（= 1万ドル）を120万円で売ったことと同じになり，20万円の利益が出る。利益を生むことはもちろんであるが，たとえば現在ドルを保有している日本国内居住者が将来円高になると予想した場合，そのまま保有していれば円換算では価値が下がるので，損失を避けるためにドルを売る（= 円に換える）こともある。そのような取引のためにも為替レートは日々高い関心が払われている。

実質為替レート

実質為替レートとは，基準時点ではかった両国の物価指数の比を為替レートに掛けたものである。e を名目為替レート，e^* を実質為替レート，P を自国の物価指数，P^* を外国の物価指数とすれば，

$$e^* = eP^*/P \quad (\text{または } P/eP^*)$$

と表される。もし基準時点に比べて自国も外国も同じ率で変化しているのであれば，$e^* = e$ となる。

実効為替レート

複数の通貨に対し全般的に高いか安いかを示す指標であり，名目実効為替レートと，実質実効為替レートがある。具体的には，対象となるすべての通貨と日本円との間の2通貨間為替レートを，貿易額等で計った相対的な重要度でウエイト付けして集計・算出する。

11.2.2 円高，円安が日本経済に与える影響

生産側にとっては，円高は輸出を不利にするが，原材料を海外から調達する場合にはコスト削減につながる。逆に円安になれば，輸出には有利になるが，石油など原材料費に対してはマイナスの影響をもたらすことになる。国

内工場で加工したものを輸出することがメインとなっている企業・産業では，円安の恩恵を受けやすい。しかし原材料を輸入に頼るような産業では，むしろ輸入がコスト増につながり円安が経営環境を悪化させる恐れがある。

　消費者にとっては，円高によって輸入商品の国内価格が下がり，手に入りやすくなることにつながるが，多くの場合不況となることで賃金の低下につながるなどの影響を受ける。円安は逆に輸入商品の購入には不利となるが，景気が良くなることで賃金の上昇へとつながる可能性がある。

　この点については，**交易条件**を考えるとよりわかりやすい。交易条件とは，輸出物価を輸入物価で割ったものであり，「一単位の輸出品でどれだけの輸入品を手に入れることができるか」を表す。輸出物価が一定で輸入物価が上昇すると手に入れられる輸入品の数量が減り，逆の場合には増えることになる。円安によって様々な輸入品の価格が上昇するのに対して，輸出品の価格が上昇しない場合には，交易条件は悪化することになる。

　このように，円高・円安には，メリット・デメリット両方の側面がある。日本では，とくに輸出産業から円高のデメリットを強調する場合が多い。しかし円安は，その国の通貨価値が信用されていないことも示している点も忘れてはならない。いずれにしろ言えることは，インフレ・デフレの場合と同様に，激しい円高・円安はどちらであっても経済にとってマイナスの側面のほうが大きいと考えられる。また短期的にはメリット・デメリットがあると言えるが，長期的に考えれば，為替レートの調整は「一物一価の法則」を世界経済にあてはめることとなり，適切な資源配分を達成することにつながると考えられる。

　最近では，海外での現地生産の動きが活発化している。円高によって輸出が不利になるのと同時に，現地生産を行うための工場建設などの海外直接投資が有利になっていることがその理由である。このような現象を空洞化と呼ぶ。2012年度に始まるアベノミクスにおいても，円安は進んだが輸出は思ったほど伸びていない。むしろ輸入品の価格高騰によってデメリットの側面が強調されている。産業構造の変化がもたらした影響と言えるだろう。

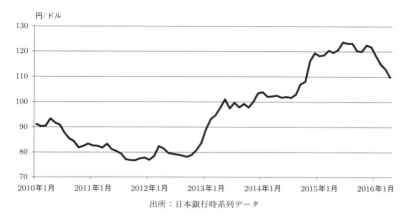

図 11.7　2010 年以降の円・ドルレート

11.2.3　固定為替相場制と変動為替相場制

　戦後確立されたブレトンウッズ体制のもとで，円とドルのレートは長く 1 ドル 360 円に固定された。このように，通貨当局が外国為替市場への介入を通じて一定の為替レートに維持しようとする制度を**固定為替相場制**と呼ぶ。

　固定為替相場制のメリットは，「為替リスク」から完全に遮断されることである。たとえば，2016 年 10 月 1 日の時点で，1 ドル = 100 円を想定して「12 月 1 日に (国内では 200 万円で売れる) 自動車を，米国の消費者に 2 万ドルで売る」という契約を結んだとする。

　そのとき 2016 年 12 月 1 日では以下の可能性がある。

　(a) 1 ドル = 50 円になっていると，2 万ドルで売った車は日本円で 100 万円で売ったことになってしまう (2 万ドルを円に戻すと，100 万円にしかならない)。

　(b) 1 ドル = 200 円になっていると，2 万ドルで売った車は日本円で 400 万円で売ったことになる (2 万ドルを円に戻すと，400 万円になる)。

　為替レートが細かく，激しく変動していると，常にこのようなリスクを考えなければならない。したがって，リスクを恐れる売り手や買い手が取引を控えるようになる。買い手からすれば「今買うのが得なのか，将来買うのが得なのか」と迷うだろうし，売り手からすれば「今売るのか，将来売るのか」

で迷うことになる．リスクを好まない当事者間での取引が停滞し，経済活動が停滞することになる．このような問題を，固定為替相場制は避けることができる．

しかし固定為替相場制の問題点は，為替レートによってマクロ経済政策に様々な制約がかかるようになるという点である．たとえば自国が国内景気を刺激するために金利を低下させるような政策をとろうとしても，それによって為替レートが自国通貨安に振れると，それを維持するために外国通貨を売って自国通貨を買う必要がある．しかしそれがあまりにも長く続けば，いつかは手持ちの外貨準備がなくなり，自国通貨を買い支えることができなくなる．

また，自国の相手国への輸出が増加すると，輸出によって得た外国通貨を自国通貨に換えようとする動きが加速し，外国通貨安・自国通貨高に振れる．中央銀行が為替レートを維持するために，自国通貨供給を増やせば，国内でインフレが加速する．このように，固定為替相場制を維持するために，国内の景気安定化が犠牲となる可能性がある．

これについては，国際金融のトリレンマとして知られている．すなわち，自由な資本移動，固定相場制，独立した金融政策の3つを同時に実現することは不可能なのである．自由な資本移動と独立した金融政策を実現するために，固定為替相場制は放棄されたと考えることができるだろう．

11.3　短期の為替レート決定理論

たいていのニュース番組を見れば，毎日のように「1ドル何円」「1ドル何ユーロ」といった為替レートが紹介される．新聞の経済欄にも（外国為替市場が開く日の翌日である限り）為替レートは載っている．

以下では，為替レートの決定メカニズムについて考察する．為替レートの決定については，(1) 輸出と輸入の交換比率としての役割，(2) 金融資産と通貨の関係，の2つの側面を考慮に入れることが大事である．日々の為替レートの変動ももちろん需要と供給によって決まるのであるが，そのような超短期の変動ではなく，(1) 物価水準が固定的で，GDP水準と利子率が決ま

11.3 短期の為替レート決定理論

るような短期，(2) 物価水準が変化し，GDP 水準が完全雇用水準に一致するような長期，の為替レートの決定メカニズムは若干異なる。また(1) 利子率が外生的となるようないわゆる小国モデル，(2) 利子率の変化を許す大国モデル，でもメカニズムは異なる。これらについて，マンキュー(2011)等を参考に説明する。

11.3.1 外国為替市場の需要・供給分析

話をわかりやすくするために，円とドルに関する為替レートを考えるとしよう。もちろん「1円が何ドルか」で考えることもできないことはないが(実際，新聞等には載っている)，我々になじみ深い「1ドル何円」を為替レートとして考える。

外国為替市場，いま考えている例では円とドルを取引する市場で為替レートが決まる。為替レートは通貨の「価格」(価値)であり，円(またはドル)に対する需要と供給によって為替レートが決まる。その点を需要・供給曲線図で考えてみよう(図 11.8)。

為替レートが1ドルあたり何円か，すなわちドルの円表示価格を表しているので，ドルに対する需要・供給曲線で考えるほうが便利であるので，横軸にはドルに対する需要・供給量がとられている。ここで考えているのは円とドルを取引する市場であるから，もし円について考えたいのであれば，逆に考えればよい。

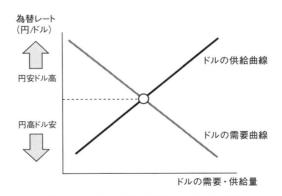

図 11.8 為替市場の需要・供給曲線図

ドルの需要曲線は，米国の財・サービス，あるいは資産に対する需要から導かれる。為替レートの減価(円高ドル安)は米国の財・サービス，資産を割安にするので需要を増やす。したがってそれを購入するためのドル需要を増やすので，需要曲線は右下がりとなる。ドルの供給曲線は，ドルを手放して日本円に換えようという量を表している。為替レートの増価(円安ドル高)は，日本の財・サービス，資産を割安にするので円の需要を増やし，そのためにドルを手放す人(量)を増やす。したがって，ドル供給曲線は右上がりとなる。為替レートは，ドル需要とドル供給が一致するところで決まる。

以上きわめて簡単に為替レートの決定について説明した。日々の為替レートの決定は結局このような需要と供給によって決まるので，直観的には図11.8で考えれば十分であろう。しかしドル需要曲線やドル供給曲線がどのように決まるのか，貿易や資産の需給との関係はどのようになっているのか等については，開放マクロ経済モデルを基に考えるのが便利である。またこのモデルを使えば，閉鎖経済(外国との取引のない)モデルでは見えてこないマクロ経済政策の効果についても考えることができる。以下では，その点について詳しく考える。

11.3.2 為替レート決定のモデル：IS-LM モデルの拡張

外国との取引のない閉鎖経済のモデルでは，IS 曲線を表す式と LM 曲線を表す式の2本の式から，GDP と利子率を決定した。このモデルに海外との取引を入れると，純輸出を表す項を導入する必要がある。それを取り入れた IS 曲線を表す式は以下のようになる。

$$\text{IS 曲線}：S(Y) = I(r) + G + NX(\varepsilon, Y) \qquad (1)$$

は国内貯蓄，$I(r)$ は国内投資，G は政府支出，そして最後の項 $NX(\varepsilon, Y)$ は純輸出を表す。これらについては，すでに国民経済計算を説明した際の国内総支出で紹介した関係である。もちろんそれらは事後的に成立する関係であるが，ここで考えるのは意図した貯蓄，投資，そして純輸出である。

$NX(\varepsilon, Y)$ は実質為替レート ε と GDP Y に依存すると考える。実質為替レートは前と同様に1ドル何円であると考えれば，ε の増加は円安(円の減

価)を表すので,純輸出は増加する[1]。また Y の増加は輸入を増やすので,純輸出は減少する。

LM曲線を表す式については前と同じく,以下の式となる。

$$\text{LM曲線:} \frac{M}{P} = L_1(Y) + L_2(r) \qquad (2)$$

最後に,対外純投資 $F(r)$ と純輸出が均衡する GDP と利子率の関係を BP 曲線と呼ぶことにする。BP 曲線を以下のような式で表す。

$$\text{BP曲線:} NX(\varepsilon, Y) = F(r) \qquad (3)$$

対外純投資 $F(r)$ は,利子率に関する減少関数である。すなわち国内利子率が高くなれば,国内資産へと資金が向かうので,対外純資産は減少するのである。

(3)の持つ意味についてもう少し考えてみよう。純輸出が大きく,いま $NX(\varepsilon, Y) > F(r)$ という関係が成立していたとする。つまり,純輸出によって得た外貨が対外投資に向かうよりも国内投資へと振り向けるほうがよいと皆が考えていたとする。すると円の需要が増えてドルの供給が増えることとなるので,実質為替レートは上昇(ε は減少)するので,純輸出 $NX(\varepsilon, Y)$ も減少する。逆に $NX(\varepsilon, Y) < F(r)$ が成立している場合は,純輸出で獲得した以上の対外投資が生じている状況に対応するので,実質為替レートは下落(ε は増加)し,$NX(\varepsilon, Y)$ は増加する。

短期では,(1)から(3)の3つの式から Y, r, e が決定される。今まで学んだ IS-LM 分析の図を用いるとするならば,図11.9に示すように,3つの式に対応する曲線が一点で交わる。

純輸出を導入しても IS 曲線が右下がりになるのは,GDP が増えたときに,式(1)の左辺が増加,右辺の第3項(純輸出の項)が減少することから,等号が成立するためには投資の増加,すなわち利子率の低下が必要になることからあきらかである。また BP 曲線が右上がりになる理由は,GDP が増加し

---

[1] 為替レートの減価が純輸出を増やすかについてはそれほど自明ではない。ここではマーシャル・ラーナーの条件が満たされていると仮定する。この点については本シリーズの大山(2011)を参照のこと。

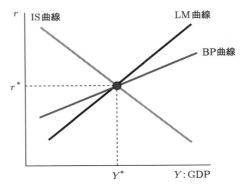

図 11.9 海外との取引を考慮に入れた IS-LM 曲線図

て式(3)の左辺である純輸出が減少したときに，等号を保つためには右辺の減少，すなわち国内利子率の上昇が必要となるからである．また，図 11.9 では BP 曲線が LM 曲線より傾きが小さくなるように描かれているが，大きくなる場合もある．

また BP 曲線は，実質為替レート ε が増加すると，右にシフトする．利子率を一定，すなわち右辺の対外純投資が一定であるとき，実質為替レートの減価は純輸出を増やすので，右辺と等しくなるには輸入の増加，すなわち GDP の増加が必要となる．したがって，BP 曲線は実質為替レートの減価によって右にシフトするのである．この点は後で政策効果を考えるときに必要である．

11.3.3 小国開放経済におけるマクロ経済政策の効果：マンデル・フレミング・モデル

物価水準が固定されている短期においては有効需要の不足が発生し，失業が生じることがある．有効需要の不足を補うために金融政策，財政政策が実施される，ということを第 6 章，8 章で考えたが，そこで考えたモデルは閉鎖経済のモデルである．ここではそれらを開放経済に拡張する．

開放経済のマクロ政策を考えるには，最初にマンデル・フレミング・モデルと呼ばれる経済モデルから始めることが便利である．このモデルは，「小国開放経済」と呼ばれるもので，（ⅰ）資本移動は完全に自由，（ⅱ）世界経

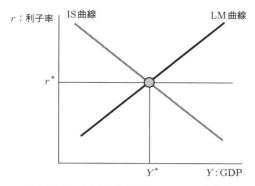

図 11.10　小国開放経済の IS-LM 曲線図

済に比べてその国が小さいために，世界の資本市場で決まる利子率を与件とする，というミクロ経済学における完全競争市場と類似した仮定をおく。

　GDP で世界第 3 位である日本経済を「小国」と見なすことには違和感があるだろう。しかし，「大国」モデルは閉鎖経済モデルと小国モデルの中間であることがあきらかとなっている。すでに閉鎖経済を学んでいるので，ここで小国モデルを考えることは大国を考える上でも便利である。

　マンデル・フレミング・モデルは，小国モデルの仮定を置くことにより，国内の利子率が海外で決まる国際的な利子率と一致すると仮定する。その結果，資本が完全に移動可能な変動為替相場制と，資本の移動が完全に規制される固定相場制とで，財政・金融政策の効果が対照的となる。現在の日本では変動為替相場制が取られているので固定相場制の議論はあてはまらないが，資本移動の意味について考える上では固定相場制の議論を理解しておくことは役に立つ。

　小国モデルでは，上の BP 曲線の代わりをするものとして，国際的な利子率の水準 r^* に対応する水平線を Y-r 平面に描く（図 11.10）。曲線をもとに，IS 曲線，LM 曲線の様々な動きを考えることができる。

変動為替相場制のもとでの財政・金融政策の効果

　最初に，現在の日本のような変動為替相場制のもとで，政府支出の拡大（G の増加）や拡張的金融政策（M の増加）が均衡 GDP 水準にどのような影響を

与えるのかを考える。

財政政策の効果

政府支出の拡大は IS 曲線を外側にシフトさせる（図 11.11 の①）。もしこれが閉鎖経済であるならば，新しい均衡 GDP は前に比べて増加し，均衡利子率は上昇することとなる。

しかし，ここでは国際資本移動が可能であると考えるので，利子率の上昇圧力はその国の為替レートの増価を招く。日本にとっては円高の動きへとつながる。円高は輸出を減らすので，IS 曲線は左側にシフトする（図 11.11 の②）。その動きは均衡利子率・均衡 GDP が元の水準に戻るまで続く。

変動為替相場制の下では，財政政策は利子率の上昇を打ち消すような為替レートの変化によって GDP を引き上げるような効果を持たないことになる。

この点を，IS 曲線を表す式と LM 曲線を表す式で考えてみよう（下に再掲した）。

$$\text{IS 曲線}: S(Y) = I(r) + G + NX(\varepsilon, Y) \qquad (1)$$

$$\text{LM 曲線}: \frac{M}{P} = L_1(Y) + L_2(r) \qquad (2)$$

式 (2) において，利子率が r^* で一定であるならば，左辺の実質マネース

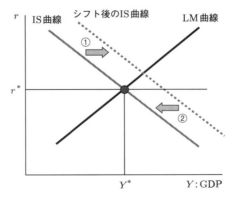

図 11.11　小国開放経済における財政政策の効果

11.3 短期の為替レート決定理論

トックが変化しない以上，実質 GDP も Y^* で変化しない。したがって，式(1)の左辺 S と I が一定なので，右辺の G の増加は $NX(\varepsilon, Y)$ の減少によって打ち消されなければならない。それはすなわち実質為替レート ε の減少（円の増価）となる。

言い換えれば，政府支出の変化の前後で均衡 GDP と均衡利子率は変化しないが，実質為替レートは変化している。

金融政策の効果

次に，変動為替相場制のもとでの拡張的金融政策の効果について考えてみよう。拡張的金融政策によって LM 曲線は右側（外側）にシフトする（図11.12の①）。為替レートの効果を無視すれば，均衡 GDP は増加，均衡利子率は下落する。

財政政策の場合には，均衡利子率が上昇するために，拡張的財政政策の効果を打ち消すように為替レートが増価するため，均衡 GDP は変化しなかった。これに対して金融政策の場合には，為替レートは利子率の低下によって減価する。このことは輸出の増加を引き起こし，IS 曲線を右へとシフトさせる（図11.12の②）。この動きは利子率が国際水準に達するまで続く。結局均衡 GDP は，為替レートが変化しない場合よりも増加することとなる。

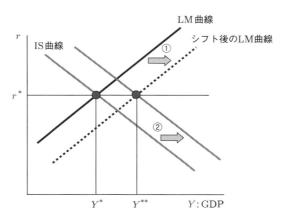

図 11.12　小国開放経済における金融政策の効果

財政政策のときと同様に式で確認しておこう。今回は式(2)の M が増加している。r^* が一定であるので、式(2)を成立させるには均衡 GDP Y^* の増加が必要となる。式(1)では、左辺が増加するのに対して I と G が一定で、Y の増加は NX を減らす効果を持つので、式(1)を成立させるには実質為替レート ε の増加（円の減価）が必要になる。

日本の為替レートの減価（円安）は、貿易相手国にとっては為替レートの増価である。つまり、相手国からの日本への輸出は減少することとなる。また日本からの海外旅行客も減少することとなる。それらによって、貿易相手国（周辺国）経済に対してマイナスの影響を与えることを指して、**近隣窮乏化政策**と呼ぶ。

固定為替相場制のもとでの財政・金融政策の効果

日本では変動為替相場制がとられているので、固定為替相場制の効果を見ることの意味を見いだしにくいかもしれない。しかし、変動為替相場制の場合と結論が正反対となる点、為替レートを強く意識した政策が取られていた時代（為替介入が積極的に行われていた時代）もある点、また日本以外の国では固定為替相場制（あるいはそれに類似した制度）をとっている国も多い点を考慮に入れると、固定為替相場制での影響について考察することにも意味があるだろう。

変動為替相場制と固定為替相場制の大きな違いは、金融政策が為替レート[2]を維持するために発動されるという点である。モデルでいえば ε を一定とするように M は調整される。

財政政策の効果

固定為替相場制の場合、財政政策を発動した結果 IS 曲線が右にシフトし（図11.13の①）、利子率が上昇して為替レートへの増価圧力が働くと、中央銀行は金融緩和を行うことで為替レートを維持しようとする。すなわち LM 曲線が右にシフトする（図11.13の②）。このことによって均衡 GDP は増加

---

[2] 本来は名目為替レートであるが、ここでは物価水準を一定としているので、実質為替レートと考えて差し支えない。

11.3 短期の為替レート決定理論

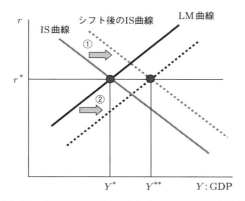

図 11.13　固定為替相場制のもとでの財政政策の効果

する。つまり，財政政策は拡張的金融政策を伴うことで均衡 GDP に対してプラスの影響をもたらす。

金融政策の効果

固定為替相場制のもとで拡張的な金融政策を行った結果，LM 曲線が右にシフトする（図 11.14 の①）。これは利子率を低下させることとなり，為替レートへの減価圧力が働く。為替レートを維持するために中央銀行は自国通貨を買って外国通貨を売る介入を行う。その結果貨幣市場においてマネース

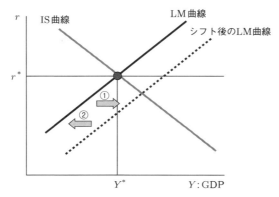

図 11.14　固定為替相場制のもとでの金融政策の効果

トックが減少することとなり，LM曲線はもとの位置に戻ることとなる（図11.14の②）。したがって金融政策では，固定為替レートの維持という制約によって金融政策が無効となるのである。

11.3.4 大国における財政，金融政策の効果

大国モデルでは，利子率が与件という小国の仮定を置かず，財政・金融政策が利子率を上昇させたり下落させたりする状況，すなわち右上がりのBP曲線を仮定する。また変動為替相場制も仮定することにしよう。

最初に，財政政策の効果について考える。LM曲線とBP曲線の傾きの大小関係によって2つの場合分けができるが，いずれにしても「均衡GDPは上昇し，均衡利子率は上昇する」という結論は同じである。しかし，図11.15

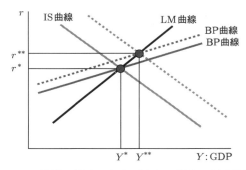

図 11.15　LM曲線の傾きのほうが大きい場合の財政政策の効果

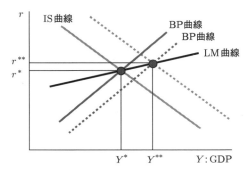

図 11.16　LM曲線の傾きの方が小さい場合の財政政策の効果

11.3 短期の為替レート決定理論

では為替レートは増価(ε は減少)しているのに対して,図 11.16 では減価(ε は増加)している。

図 11.15 のように,LM 曲線の傾きが大きいということは,同じ財政政策に対して利子率の上昇が大きく,実質為替レートも増価することで GDP を増加させる効果が小さくなるのに対して,図 11.16 のように,LM 曲線が水平に近い場合は利子率があまり上昇せず,実質為替レートも減価して GDP を増加させる効果が大きいといえる。

金融政策については,図 11.17 に示すように,傾きの大きさにかかわらず実質為替レートの減価を引きおこし,IS 曲線と BP 曲線が両方右にシフトする。その結果,均衡 GDP は増加することとなる。均衡利子率が上昇するか下落するかは,それぞれの曲線の間の関係に依存するのでよくわからない。ほとんど変わらないということもありうるだろう。

数年前までは,マクロ経済政策が引き起こす為替レートへの影響については政治問題の原因となりやすかった。たとえば日本が円安に誘導するような政策を実施したとすれば,それは米国にとっては為替レートが不利になることを意味し,輸出の減少へとつながる。逆に米国がドル高につながるような財政・金融政策を実施すれば,日本にとっては利益となる。そこで,プラザ合意のような各国がある一定の為替レートへ協力して政策を実施するといったことが行われた。

しかしながら近年では,国際金融市場は巨大なものとなり,金融市場への「介入」程度で為替レートを大きく変化させることは困難となっていると

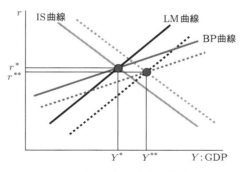

図 11.17　金融政策の効果

いってよい。むしろ1990年代後半のアジア通貨危機などの経験は、そのような国家による介入は最終的にかえって混乱を招くということがわかってきた。さらに日本では、長く続く円高によって企業の海外シフトが進み、円安、円高で景気が左右されにくくなっていることが、2013年以降の安倍政権下で進んだ円安によって示された。

11.4　長期の為替レート決定理論

前節のモデルは、貿易収支と対外純投資の関係を考慮に入れた短期マクロ経済モデルに基づく為替レート決定モデルである。これよりも長い長期の為替レート決定理論として**購買力平価説**を紹介する[3]。

いま、日本と米国の2国のみ考える。いま考えるのは長期であるので、財・サービスの移動が完全で貿易に関する障壁がなければ、1物1価すなわちすべての財・サービスについて「為替レートを介して同じものは同じ価格」という関係が成立するはずである。

このことは、日本の物価水準を P、米国の物価水準を P^*、円建て為替レートを e とすると、

$$P = eP^*$$

という関係が成立することを表している。この式は為替レートに関して

$$e = \frac{P}{P^*}$$

が成立することも表している。これが「為替レートは両国の物価水準の比によって決まる」という購買力平価説である。購買力平価説はかなり強い仮定のもとに成立する主張であるが、激しいインフレーションに見舞われている国の為替レートが減価していくというのはしばしばみられる傾向であるので、長期的な趨勢として為替レートが購買力平価説から乖離し続けるということは考えにくい。

---

[3] 大山(2011)の14章に、為替レートの理論全般の詳しい紹介がある。以下の説明もそれを参考にしている。

以上，短期と長期の為替レート決定理論を紹介した。我々が毎日のニュース等で触れる為替レートは，内外の金融資産やそれと関連した通貨の需給によって激しく変動する。「明日の為替レートがどうなるか」について，あるいは1週間や1ヵ月単位の為替レートについて今まで考えてきた理論が説明することは難しいだろう。しかし，少し長い目で見た場合，今まで述べてきた理論があてはまる場面は多いだろう。

11.5　貿易の役割

　取引が双方に利益をもたらすという点については，すでに何度も指摘した。自由な取引が認められている場合，そもそも取引が成立するのは双方に利益がもたらされる場合に限る。そのように考えれば，自由貿易体制のもとで行われる取引こそが，当事者すべてに最大の利益をもたらすはずであるが，国際貿易をめぐっては必ずしもそれが成り立たない。様々な形で貿易交渉が行われ，そこで「自由化するのか」「保護を続けるのか」の議論が繰り返される。

　「自由貿易の利益」は国単位の利益であり，個々の国民レベルでは貿易が自由化されることによって不利益を被る人も多い。さらに言うならば，利益を受けた人々から不利益を被る人へと，利益の一部を移転することで，すべての人が少なくとも現状維持かそれ以上の利益を得ることができるのであれば，自由貿易は（ミクロ経済学的な意味では）望ましい選択となりうるはずである。しかし通常，そのようなシステムはうまく働かないことが多い。また効率性だけでは測れない様々な要因が絡んでくると，自由貿易はなかなか進まないことになる。

　とくに日本の場合，自由貿易の利益を受けやすいのは製造業であり，自由貿易から不利益を受けやすいのは農業である。日本の農業は国土が狭く山が多いことや，人件費が高いことなどにより，国際的な市場で競争することが難しいためである。たとえ製造業で自由貿易から大きな利益を得て，その一部を補助金という形で農業部門に回すことで農業従事者を助けようとしても，生活すべてを支え続けることは難しい。またいわゆる「食糧安全保障」

という考え方からも、「日本で農業を続けるのは非効率的だから、国際競争力のある製造業で勝負し、農業はなくなってもかまわない」と考えるのはあまりにも単純すぎる。

このように、現実には自由貿易にはメリットとデメリットが存在するが、メリットについては、古くから経済学ではリカードの貿易理論やその拡張に代表されるように、「分業が利益をもたらす」という国富論をそのまま国際貿易に拡張したといえる理論が長い伝統をもっている。そのうち簡単なものについて2つ紹介する。

11.5.1 需要・供給曲線図を用いた貿易の利益

需要・供給曲線図を用いて自由貿易の利益について考えてみよう。ある財（たとえば牛肉）の需要・供給曲線図を描いてみる。図11.18の中で右下がりのものとして表されているのは国内需要曲線、右上がりのものは国内企業の供給曲線である。もし貿易が行われないのであれば、国内需要曲線と国内供給曲線の交点が均衡となり、均衡価格と均衡需給量が決まる。

ここで貿易が始まり、安い外国製品が輸入されることとなったとする。つまり、貿易が行われなかったときの均衡価格よりも安い価格でいくらでも財が国内市場に流入すると仮定する。このとき、国内市場での価格は国際価格に一致することとなり、国内企業による供給量は少なくなる。需要量は大きく増加するが、それらは輸入の増加によって引き起こされるものであり、国

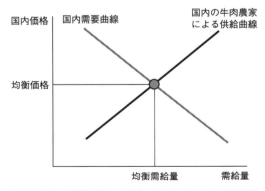

図11.18 貿易がない場合の牛肉の国内市場均衡

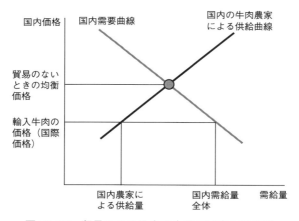

図 11.19 貿易のある場合の牛肉の国内市場均衡

内供給は減少することとなる（図 11.19）。

　消費者にとっては貿易自由化によって自由化以前に比べて同じ財を安く手に入れることができるようになるので，恩恵は大きい。しかし生産者側にとっては，自由化によって大きな打撃を受けることとなる。ここで考えたような単純な需要・供給分析による結論は「自由貿易は望ましい」であるが，生産者に与える打撃によって，長期的には国内供給能力が低下することによる不利益などが考えられる。この点は，いわゆる食料安全保障の考え方にもつながる。

　消費者側が得る利益を生産者へと分配する手段はないのであろうか。1つの手段は関税である。関税によって，(1) 生産者を過度の価格競争から救う，(2) 消費者が得る利益の一部を関税として徴収，不利益を被る生産者に分配，といったことが可能になる。

11.5.2　リカードの貿易理論

　以下では，伝統的な国際貿易理論で紹介される簡単な例を用いて貿易の利益について説明することにしよう[4]。イギリスとポルトガルでラシャ（毛織

---

[4] 大山 (2011) より。

物)とワインが労働のみを用いて生産されるものとする。それぞれの国でこれらの財1単位を生産するために必要な労働時間は以下のとおりであるとする。

イギリスで労働1時間あたり w の賃金を払う必要があるとすれば，ラシャ1単位の生産には 100w，ワイン1単位の生産には 120w の費用がかかる。したがって，ワインを基準としたラシャの相対的な費用は，100 w ÷ 120 w = 5/6 である。これは w とは無関係で，必要な労働時間によって決まるから，ポルトガルでも同じようにワインを基準としたラシャの相対的な費用を計算すると，9/8 となる。

ここで，財の相対価格は相対的な費用の大きさに等しいとする[5]。すると，貿易が発生する前は，イギリスではワイン1単位の価格を1とおくとラシャ1単位の価格は 5/6 となり，ポルトガルではワイン1単位の価格を同様に1とおくとラシャ1単位は 9/8 となる。

ここで貿易が発生すると，イギリスはポルトガルに比べて安いラシャをポルトガルに輸出し，ワインを輸入する。逆にポルトガルからすると，イギリスにワインを輸出し，ラシャを輸入するのである。

なぜこのようなことが起きるのか。いま貿易によって，イギリスでもポルトガルでも，ワインの価格が1，ラシャの価格も1となったとする。つまり貿易によってイギリスとポルトガルの間では，ラシャ1単位とワイン1単位を交換できるようになったとする。

このときイギリスでは 100 時間の労働で，ラシャ1単位を手に入れること(自国で生産)も，ワイン1単位を手に入れること(ラシャ1単位とポルトガルのワインを交換)もできるようになる。今まではワイン1単位を手に入れるには 120 時間の労働が必要だったことを考えると，イギリスの労働者の状況は改善している。同様にポルトガルでは，80 時間の労働によって，ラシャ1単位を手に入れること(自国で生産)もできる。イギリスと同様に，ポルトガルでも労働者の状況は改善したと言える。

表 11.2 を見ると，ラシャの生産でもワインの生産でも，ポルトガルの方が

---

[5] 古典的な世界では，このように考える。

表 11.2 財 1 単位を生産するための労働時間

	ラシャ	ワイン
イギリス	100	120
ポルトガル	90	80

イギリスに比べ優位にある。しかし，それぞれの国が比較生産費の低い財（比較優位にある財）の生産を行うことで，どちらも利益を得ることができる。これを比較優位の原理と呼ぶ。これは，時間を含む資源が限られている以上，「なんでも自分でやる（自国で生産する）」よりも，分業をすることで望ましい状態を達成できるということを示している。国際貿易に限らず，我々の社会における分業についてもあてはまる。

11.6 TPP（環太平洋パートナーシップ協定）

「貿易は，一国全体というレベルで考えれば利益をもたらす」という結論は，第 1 章の「交換・取引からの利益」の単なる応用にすぎず，経済学的には当然である。しかし「一国全体で考えれば利益がある」ということが自明であっても，移行過程で当事者が得る利益をどのように分配，あるいは被る不利益をどのように補償するかなどの問題が生じる。不利益を被るグループによる政治的な圧力が，実際の交渉の場面でかなりの影響を与える。それが貿易自由化問題を政治問題化することとなり，何度も失敗・決裂の歴史をたどってきた。

不利益を被る人々にとっては，生活がかかっているので政治的行動も活発となりやすい。それが政治家を保護貿易へと動きやすくする。しかし，それらの中には，誤解に基づくものや，まさに政治的な材料としてそれを利用することもあるだろう。それらの誤解を解き，建設的な話し合いによって解決することは政治の役割であると言える。この点について，近年の TPP をめぐる交渉の動きと関連付けて説明したい。

11.6.1 貿易枠組みと国内の利害調整

貿易の問題は戦争へとつながる問題である。20 世紀初頭，植民地という名

の海外市場を獲得しようとして，植民地側と侵略する側との間で紛争と植民地の奪い合い，ブロック化による帝国主義国家間での対立を生み，そこに日本のように植民地も天然資源も持たない国が海外進出を図ってもともと支配していた国々と対立が，両大戦へとつながったのである。

これらの経験をふまえ，第二次世界大戦後ブレトンウッズ体制と呼ばれる国際協調体制が確立し，その中で貿易に関してはGATT（関税貿易一般協定）として，貿易の自由化を目指す交渉がラウンドという形で数字にわたって進められた。1986年に開始されたウルグアイ・ラウンドにおける合意を進めるために，1995年にはWTO（世界貿易機関）が設立された。

しかしながら，WTOは2016年3月現在162ヵ国が加盟し，加盟国の増加は利害調整が難しくなった。とくに途上国が経済成長を果たして海外市場への進出を目指すようになると，先進国との対等な関係の貿易を望むようになり，利害の対立が激しくなった。その結果，貿易ラウンドと呼ばれる調整会議は何も生み出すことができなくなった。

それに業を煮やした国々は，より狭い範囲での連携を模索しはじめた。それが，主に貿易に関するFTA（自由貿易協定）や，あるいはそれより幅広い内容に関して関係を深めようとするEPA（経済連携協定）と呼ばれる枠組みである。

初期の代表的な例はNAFTA（北米自由貿易協定）やEU（ヨーロッパ連合）のような先進国間の貿易自由化の取り決めであった。EUは，2016年2月現在，加盟国はドイツやフランス等の多数の先進国を含む28ヵ国[6]，そのうちイギリス，デンマークを除く26ヵ国で共通通貨ユーロが用いられ，域内のヒト，モノ，サービス，資本の移動が自由となっている。世界全体では，2015年11月現在で271の協定がある[7]。

日本もすでに，2016年3月末現在，発行済・署名済のEPA/FTAが15ヵ国，現在交渉中が8ヵ国，中断等が2ヵ国となっている。交渉中に含まれる1つが，TPP（環太平洋パートナーシップ協定）である。

---

[6] 2016年6月，イギリスは国民投票によってEUから将来的に離脱することを選択した。

[7] 経済産業省ホームページより。

11.6.2 TPP(環太平洋パートナーシップ協定)
TPPとは

TPPとは,「アジア太平洋地域において,モノの関税だけでなく,サービス,投資の自由化を進め,さらには知的財産,金融サービス,電子商取引,国有企業の規律など,幅広い分野で21世紀型のルールを構築する経済連携協定」とある[8]。環太平洋地域の12ヵ国が交渉に参加し,GDP総額は3100兆円で,世界全体の4割を占める。

日本は2011年11月に交渉参加に向けた協議開始の意向を表明し,その後2013年に交渉に参加した。各国の利害が錯綜する中,2015年10月に大筋合意に達し,2016年2月に署名した。今後は細部を詰めるとともに,各国の批准を必要とするので,実際に発効されるのはしばらく先となる。

TPP協定が発効するためには,以下の(1)(2)のいずれかを満たす必要がある。

(1) すべての参加国が署名後2年以内に議会での批准手続きを終える,
(2) 2年以内に参加国すべてが手続きを終了できなかった場合,TPP全体のGDPの85%以上を占める少なくとも6ヵ国が批准手続きを終える。

(2)より,実際には米国が約60%日本が15%前後を占めるので,米国と日本が手続きを終えられるかどうかがもっとも重要である(図11.20)。

表11.3 TPPの流れ

2006年	シンガポール,NZ,チリ,ブルネイから成る「P4」が発効
2008年 9月	米国が交渉開始意図表明
2010年 3月	米,豪,ペルー,ベトナムを加え8ヵ国で交渉開始
同 10月	マレーシアが交渉参加 計9ヵ国に
2011年11月	日本,カナダ,メキシコが交渉参加に向けた協議開始の意向表明
2012年10月	メキシコ,カナダが交渉参加。計11ヵ国に
2013年 7月	日本が交渉参加。計12ヵ国に
2015年10月	大筋合意が成立(アトランタ閣僚会合)
2016年 2月	協定の署名

出所:外務省ホームページ

---

[8] 外務省ホームページより。

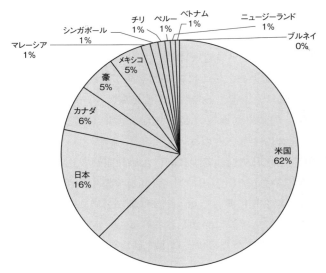

出所:World Bank Statistics。(2014年,米ドルに基づくシェア)

図 11.20　参加 12 か国の GDP 割合

TPP 参加の利益の推計について

　TPP に対しては,推進派と否定派が真っ二つに分かれた。とくに,貿易の拡大によりビジネスチャンスを広げ,日本経済を新たな成長軌道に乗せると主張する推進派の代表である経済産業省と,海外からの安い農産物の流入から日本の農業を保護することを目指して否定派となった農林水産省との間の対立が際立つものであった。その他にも,医療の分野で自由化によって日本の保険医療が破壊されるのではないか,知的財産が守られなくなるのではないか,といった問題点が指摘されている。

　これらの議論では,政府を含む様々な機関が発表する数字がわかりにくいという点がある。たとえば表 11.4 は,2010 年に内閣官房がとりまとめた(両論併記といってよい)TPP 参加,あるいは関税撤廃の影響である。内閣官房は TPP の参加によって実質 GDP は 2.4 兆円から 3.2 兆円増加すると主張しているが,農林水産省は参加すると(関税を撤廃し,何も対策を講じないと)実質 GDP は 7.9 兆円減少すると主張,経済産業省は「TPP 他に参加しな

11.6 TPP(環太平洋パートナーシップ協定)

表 11.4 TPP 参加の利益に関する政府試算

マクロ経済効果分析 (試算：川崎研一氏(内閣府経済社会総合研究所客員主任研究官))	農業への影響試算 (試算：農林水産省)	基幹産業への影響試算 (試算：経済産業省)
GTAP モデルを用いて試算 (金額は 2008 年度名目 GDP より算出)： ● FTAAP 参加(100％自由化)： 　実質 GDP 1.36％ 増 　　(6.7 兆円増) ● TPP 参加(100％自由化)： 　実質 GDP 0.48〜0.65％ 増 　　(2.4 兆円〜3.2 兆円増) ------ ● TPP＋日 EUEPA 　＋日中 EPA(100％自由化)： 　実質 GDP 1.23〜1.39％ 増 　　(6.1 兆円〜6.9 兆円増) ● 日 EUEPA＋日中 EPA 　(センシティブ分野自由化せず)： 　実質 GDP 0.50〜0.57％ 増 　　(2.5 兆円〜2.8 兆円増) ● 日本が TPP，日 EU・日中 EPA いずれも締結せず，韓国が米国，EU，中国と FTA 締結(100％自由化)： 　実質 GDP ▲0.13〜0.14％ 減 　　(0.6 兆円〜0.7 兆円減)	主要農産品 19 品目(林野・水産含まない)について全世界を対象に直ちに関税撤廃を行い，何らの対策も講じない場合： ● 生産減：毎年 　　▲4 兆 1000 億円 程度 ● 食料自給率の減少(供給熱量ベース)：40％ → 14％ 程度 ● 農業の多面的機能の喪失額： 　　▲3 兆 7000 億円 程度 農業及び関連産業への影響 ● GDP の減少額： 　　▲7 兆 9000 億円 程度 　　(実質 GDP の 1.6％) ● 就業機会の減少： 　　▲340 万人 程度 ※農産品 19 品目(コメ，麦等。関税率 10％以上，かつ生産額 10 億円以上のものを抽出。)について，試算。 ※実質 GDP に占める割合は，2008 年の数値から算出。	(ア) 日本が TPP，日 EPEPA，日中 EPA いずれも締結せず， (イ) 韓国が米韓 FTA，中韓 FTA，EU 韓 FTA を締結した場合， (ウ) 「自動車」「電気電子」「機械産業」の 3 業種について， (エ) 2020 年に日本産品が米国・EU・中国において市場シェアを失うことによる関連産業を含めた影響： ● 実質 GDP ▲1.53％ 相当の減 　　(10.5 兆円) ● 雇用 ▲81.2 万人 減少 ※自動車，電機電子，産業機械の主要品目(輸出金額ベースで約 7 割相当)について試算。 ※上記の実質 GDP 減少額は，産業関連分析により算出した経済波及効果を含む波及効果 20.7 兆円を実質 GDP 換算したもの。

出所：内閣官房(2010)「EPA に関する各種試算」

いと」基幹産業に対して実質 GDP は 10.5 兆円減少すると述べている。

　農林水産省の試算と経済産業省の実質 GDP に関する試算を単純に差引することができれば，TPP 参加による 10.5 兆円のプラスと 7.9 兆円のマイナスによって 2.6 兆円のプラスとなり，左端の内閣府による TPP 参加の利益と整合的になる。しかし，農林水産省の想定と，経済産業省の想定はあまりにも違いがあり，これらを統一的に扱うのはあきらかに無理がある。

　そこで 2013 年 3 月には，政府統一見解として以下の数値が公表された。

(1) TPP によって，日本経済全体では，実質 GDP を 0.66％増加(3.2 兆円増加)する。

(2) TPP によって，農林水産物生産額は 3.0 兆円減少する。

これは，「農林水産物生産額には 3 兆円のマイナス効果があるが，経済全体では 3.2 兆円のプラス効果がある」と言っているのであって，(1)は農業以外の効果というものではない。

しかしこれが 2 年 7 ヵ月後の 2015 年 12 月には，2013 年 3 月の推計では考慮に入れられなかった主に貿易の活発化による生産性の上昇によって，

(1) TPP によって，経済全体の実質 GDP は 2.6％(2014 年度 GDP の換算で 14 兆円)増加する，
(2) 農林水産物生産額の減少額は 1300 億円から 2100 億円に減少する[9]，

となった。

この試算については，世界銀行が 2016 年 1 月に発表した「TPP は日本の GDP を 2030 年までに 2.7％押し上げる」という推計結果によってさらに補強されたと言える。

これらの推計の問題点

政府の推計に対しては様々な批判，またそれに対する反論がある。たとえば 2015 年 12 月の試算には「関税に関する効果に加え，非関税措置(貿易円滑化等)によるコスト縮減，貿易・投資促進効果，さらには貿易・投資が促進されることで生産性が向上することによる効果等も含めた，総合的な経済効果分析を行った」とあるが，これらの効果をどのように組み込むかについては恣意性があることは否定できない[10]。また，この試算では農林水産物の生産減について，「体質強化対策による生産コストの低減・品質向上や経営安定対策などの国内対策により，引き続き生産や農家所得が確保され，国内生産量が維持されるものと見込む」といった仮定もおかれており，「本当なのだろうか」という疑問を持たざるを得ない。

かといって，近年の農業における品質向上努力，「日本の農産物」としてのブランドが近隣国への輸出につながっていることを考えれば，農業へのマイナスの影響を過大に見積もることにも疑問が生じる。なかなか結論は見えて

---

[9] 内閣官房(2015)「TPP 協定の経済効果分析について」
[10] たとえば鈴木宣弘「TPP の影響に関する各種試算の再検討」月刊 JA 2011 年 12 月。

11.6.3 TPPを成功へと導くには

TPPの利益の配分

　消費者が貿易自由化によって得る利益は，総額としては非常に大きくなることが多いが，薄く広く拡散する。これに対して自由貿易によって競争が激しくなる供給側は，不利益の総額は小さかったとしてもその範囲が狭いため，影響が大きい。広く浅い利益が狭く深い不利益の合計を上回る場合であっても，不利益を被る供給者はなんとかしてそれを避けようとするのに対して，利益を得る消費者はそれほど関心を持たないので，政治的意思決定になればどうしても供給側に意識が向いてしまう。その結果，自由貿易はなかなか進まなくなるのである。

　その意味では，TPPが2015年10月に大筋合意まで達したということは画期的と言ってよい。それだけ当事者の危機感が高まっている証拠である。しかし今後各国の批准，とくに米国の批准を得るには，各業界団体からの圧力が高まることが予想される。

　総額として利益の方が大きいということは，不利益を被る人々への補償を行っても利益を生むということであるから，TPPにおいても被害を被る農林水産業従事者に対して補償等が行われる必要がある。つまり，TPPによってもたらされる恩恵を，「すべての人に」行き渡らせる制度を構築しなければならない。2015年12月の経済効果分析にもあるとおり，政府は農林水産業の経営安定化策として所得保証のための保険を含む様々な策を講じている。将来的には生産性向上等によって「強い農業」を作り出す必要があるが，それらが軌道に乗るまでは，保証のような措置が必要となるだろう。

インセンティブを作り出す：コミットメントの働き

　TPPに関しては，制度的な問題をおけば，諸外国企業との価格競争力をつけるために関税を取り払いたい製造業からの推進圧力と，関税撤廃によってダメージを受ける農林水産業からの否定圧力の対立の構図となっている。

　とくに後者については，日本の狭い国土で生産性を上げにくい点や，高い

人件費などが国際競争力をつけることを難しくし，さらにそこで食糧安全保障と呼ばれる自給率の問題，また「食の安全性」の問題，さらには自然環境問題も加わって，自由貿易の枠組みに入ることを多くの農林水産業従事者が拒否する原因となっている。

しかし消費者の立場からすれば，上に述べたことを理由に高い食料品を食べ続けなければならないことに疑問を感じる人もいるだろう。とくに製造業従事者などからは，自分たちは厳しい国際競争に常にさらされているのに，なぜ農業は関税等によって保護され続けられるのか，という疑問が生じるのは当然であろう。

2015年12月の内閣府試算において農林水産業への影響がきわめて小さい理由の一つは，体質強化対策などによって所得が維持されるという「予測」を入れている。体質強化にはかなりの努力が必要となるが，そのような努力が行われることを前提としている。

この点については，7章で紹介した時間的非整合性問題と同じアイデアで考えるとわかりやすい。いま政府には，「TPPに参加しない（関税で農林水産業を保護し続ける）」と「TPPに参加する」の2つの選択肢があるとする。また農林水産業には，「努力して生産性を高める」と「努力しない（生産性は変わらない）」の2つの選択肢があるとする。

政府が選ぶ選択肢と農林水産業が選ぶ選択肢の組み合わせによって得る利益は表11.5のようになっていると仮定する[11]。

利益の大小関係については，次のようなことを想定している。

表11.5 TPP参加ゲーム：利益の例

政府の選択	農林水産業者の選択	政府の利益	農林水産業者の利益
TPPに参加する	努力する	4	2
TPPに参加する	努力しない	1	1
TPPに参加しない	努力する	3	3
TPPに参加しない	努力しない	2	4

---

[11] これはそれぞれの利益の相対的な大きさを表すものであり，政府の利益と農林水産業者の利益を比較することはできない。

11.6 TPP(環太平洋パートナーシップ協定)

(1) 政府にとってはTPPに参加し,かつ農林水産業者が努力してくれることがもっとも望ましい。しかし農林水産業者にとっては,政府がTPPに参加せず,努力しない(する必要もない)状況がもっとも望ましい。

(2) 政府にとっても農林水産業者にとっても,TPPに参加して農林水産業者が何の努力もしない状況が最悪である。これは,農林水産業者が危機的状況に陥ることの損失が十分に大きいことをあらわしている。あるいは政府にとっては,農林水産業者が努力しないのであれば参加しないほうがよい,ということを示している。

(3) 政府にとっては,同じTPPに参加しないのであれば,農林水産業者が努力してくれる方が望ましい。また農林水産業者にとっては,同じ努力をするのであれば,TPPに参加せずに保護してもらえば国際競争にさらされず利益が大きい。

詳しい議論は補論にゆずるが,もし意思決定に順序があり,「政府が先に意思決定して,それを見て農林水産業者が努力するかしないかで反応する」という場合と,「農林水産業者が先に努力するかしないかを決め,それを見て政府が参加するかしないかで反応する」場合とを比較すると,以下のことが言える。

(a) 政府が先に意思決定する場合,自らの利益を最大化しようとする両者の行動によって,「TPPに参加し,農林水産業者は努力する」という帰結となる。

(b) 農林水産業者が先に意思決定する場合,自らの利益を最大化しようとする両者の行動によって,「TPPに参加せず,農林水産業者は努力しない」という帰結となる。

もちろんこのような単純なモデルが現在のTPPをめぐる状況をすべて説明し尽くしているとは言えないだろう。それぞれの利益についても恣意性があるという批判もあり得る。しかし,政府が先に方針を決めてしまうというコミットメントによって,結論を先送りにすることでは引き出せなかった農林水産業者の経営努力を引き出す可能性が生じる[12]。

確かに今のままでは,TPPへの参加は日本の農林水産業にとってかなり

厳しいことになるであろう。しかし日本経済の歴史は、その当時「常識」と考えられていたことが覆ることの連続である。乱暴であることは重々承知で、筆者はそれを期待したい。

補論　意思決定の流れが結果に与える影響について

　11.6.3 の「インセンティブを作り出す」で述べた政府と農林水産業者との関係を図によって考えてみよう[13]。これはゲーム理論におけるゲームの木を用いた分析であるので、ゲーム理論を学んだことのある人にとってはなじみのあるモデルであるが、以下ではゲーム理論の知識を前提とせずに説明することにしよう。

　最初に、政府が先に TPP に参加するか参加しないかを決定し、それに応じて農林水産業者(以下業者と略す)が生産性を上げたり高付加価値の商品を作り出すような努力をするかしないかを決定する場合を考えよう。最初に政府が 2 択の意思決定を行い、それぞれに応じて業者の意思決定が 2 択であるので、結果の可能性は 4 つある。これを図 11.21 のように表す。

　この図は、左から右に時間の流れを読む。まず政府が上(参加)か下(参加しない)かを選ぶ。政府が上を選ぶと、今度は業者の選択となり、上(努力する)か下(努力

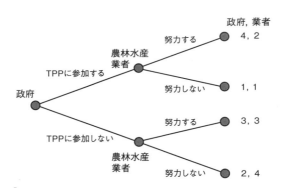

図 11.21　政府が先手、農林水産業者が後手のゲーム

---

[12] 現実には日々努力を惜しまない農林水産業者の方も多いであろうし、また努力が確実に成果と結びつくのか、それを支える制度は整っているかといった点も考える必要がある。

[13] 梶井・松井(2000)の第 3 章で紹介されている石油業法の例を参考にした。

補論　意思決定の流れが結果に与える影響について　　　　　　　　　　229

しない)かを選ぶ。政府が下(参加しない)を選んだときも同様である。各数字は政府と業者それぞれの利益を表す。左が政府，右が業者である。

　この図から，政府や業者がどのような選択をするか，つまりどのような帰結が得られるかを考えてみよう。その場合，まず業者の選択(反応)を考え，その選択を考慮に入れた政府がどのような選択を行うかを考えるとよい。業者は，政府が参加を選んだ場合，努力すると2の利益，努力しないと1の利益になるので，「努力する」を選ぶと考えられる。また政府が「参加しない」を選んだ場合，それぞれ努力すると3の利益，努力しないと4の利益になるので，「努力しない」を選ぶ。

　次に政府は，「参加する」を選べば業者は「努力する」を選び，「参加しない」を選べば業者は「努力しない」を選ぶことが予想できる。したがって，政府の利益は「参加する」を選べば4，「参加しない」を選べば2になるので，「参加する」を選ぶ(図11.22)。

　政府が先に意思決定をする場合の帰結は，「TPPに参加し，農林水産業者は努力する」となる。

　次に業者が先に意思決定をするケースを考える(図11.23)。利益の数字の順序が逆になっている点に注意して欲しい。

　前と同様に，後に意思決定をする政府のほうから先に考る。政府は業者が「努力する」を選べば「参加する」を選び，「努力しない」を選べば「参加しない」を選ぶ。このような政府の選択を考えると，業者にとっては「努力しない」を選ぶことで利益は最大になる。

　したがって，業者が先に意思決定をする場合の帰結は，「TPPには参加せず，業者は努力しない」となる。

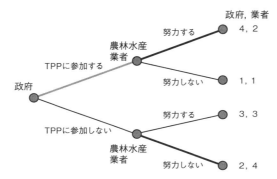

図11.22　政府が先手，農林水産業者が後手のゲームの解

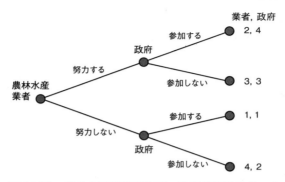

図 11.23　農林水産業者が先手，政府が後手のゲーム

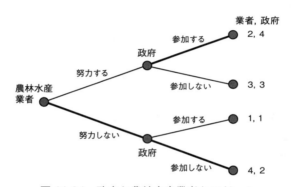

図 11.24　政府と農林水産業者とのゲーム

　もちろん，様々な業者がすべて同じ意思決定を行うのか，そもそも単純すぎる図式化ではないか等の問題はあるが，政府が先に方針を決めてしまい，それに業者が合わせる形にするほうが，業者の努力を待って政府が参加・不参加を決めるよりも，国民全体の利益(政府の利益に対応)は大きくなるのではないかという推測が，このモデルでは成り立つ。

参 考 文 献

1. 日本経済論

　日本経済に関する専門的な研究書や解説書は膨大な数にのぼり，本書を書く上でも多くのものを参考にした。ここではその中で，とくに参考にしたものを挙げる。
- 金森久雄・大守隆(2013)『日本経済読本(第19版)』東洋経済新報社，2016年時点での最新版は 2016 年発行の第 20 版
- 浅子和美，飯塚信夫，篠原総一編(2015)『入門・日本経済(第5版)』有斐閣
- 丸山徹(2013)『新講経済原論　第三版』岩波書店
- 釣雅雄(2014)『入門日本経済論』新世社
- 飯田泰之(2014)『NHKラジオビジネス塾　日本がわかる経済学』NHK 出版
- 三橋規宏，内田茂男，池田吉紀(2015)『新・日本経済入門』日本経済新聞社

2. 経済学

　本書は，日本経済論の専門書に比べると，意識的にミクロ・マクロ経済学や国際経済学との関連を多く取り入れているが，参考にしたものを下に挙げた。読者は興味を持った部分について，下記のリストを参考に知識を補ってほしい。

2.1 経済学全般
- スティグリッツ・ウォルシュ著，藪下他訳(2012)『スティグリッツ　入門経済学(第4版)』東洋経済新報社

- マンキュー著，足立他訳(2014)『マンキュー　入門経済学(第2版)』東洋経済新報社

2.2　ミクロ経済学
- 梶井厚志・松井彰彦(2000)『ミクロ経済学　戦略的アプローチ』日本評論社
- 神取道宏(2014)『ミクロ経済学の力』日本評論社
- 浦井憲(2015)『ミクロ経済学(経済学教室1)』培風館

2.3　マクロ経済学
- マンキュー著，足立他訳(2011)『マンキュー　マクロ経済学(第3版)Ⅰ入門編』『Ⅱ 応用編』東洋経済新報社
- 三野和雄(2013)『マクロ経済学(経済学教室2)』培風館
- 斉藤誠，岩本康志，太田聰一，柴田章久『新版　マクロ経済学』有斐閣

2.4　金　　融
- 島村高嘉・中島真志(2014)『金融読本(第29版)』東洋経済新報社
- 鹿野嘉昭(2013)『日本の金融制度(第3版)』東洋経済新報社
- 酒井良清・前多康男(2011)『金融論(経済学教室9)』培風館

2.5　国際経済学
- 大山道広(2011)『金融論(経済学教室10)』培風館

3.　日本経済に関する統計データ

　改めて言うまでもないが，インターネットの普及は，本書で取り上げたようなデータに誰でも容易にアクセスすることを可能にした。本書でもそれらを幅広く利用させてもらっている。

　ここではとくに重要なデータのあるサイトについて紹介する。通常ならばURLを載せるべきであるが，いまでは検索エンジンを利用すれば簡単にアクセスできるので，読者は下のキーワードを参考に調べて欲しい。

第2章に関わるもの
- 内閣府国民経済計算：GDPをはじめとするデータ
- 財務省「経済財政白書(各年度版)」：pdfファイルで見ることができるのはもちろん，HTML版で長期経済統計にアクセスすれば，データ化すること

参 考 文 献

も簡単である。

第4章に関わるもの
- 総務省統計局：消費者物価指数，国内企業物価指数など。
- 総務省統計局労働力調査：完全失業率，失業者数などを細かく調べることができる。

第5章と6章に関わるもの
- 日本銀行：「時系列統計データ検索サイト」として，金融に限らず，膨大な種類のデータが利用できる。

第8章から10章に関わるもの
- 財務省：「予算・決算」「税制」などのデータがそろっている。
- 国立社会保障・人口問題研究所：社会保障，人口に関するデータが利用できる。

第11章に関わるもの
- 財務省「国際政策」：国際収支に関するデータ。
- 総務省統計局「世界の統計」：国際比較をするためのデータ。

以　上

索　引

欧　文

AD-AS モデル　57
ECB(欧州中央銀行)　112
EPA(経済連携協定)　220
EU(ヨーロッパ連合)　220
FRB(連邦準備制度理事会)　112
FTA(自由貿易協定)　220
GATT(関税貿易一般協定)　220
GDP(国内総生産)　18
　　支出面から見た――　27
　　実質――　20
　　生産面から見た――　27
　　1 人当たり――　24
　　分配面から見た――　27
　　名目――　20
　　潜在――　44
GDP ギャップ　44
GDP 成長率　23
GDP デフレータ　69
GNH(国民総福祉)　62
GNI(国民総所得)　35
GNP(国民総生産)　35
IS-LM 分析　56
IS 曲線　55
LM 曲線　56
NAFTA(北米自由貿易協定)　220
NDP(国内純生産)　36
NNI(国内純所得)　36
TPP(環太平洋パートナーシップ協定)
　192, 220, 221
UV 曲線　81
WTO(世界貿易機関)　220

あ　行

アジア通貨危機　127
アベノミクス　133

いざなぎ景気　43
いざなみ景気　43
異次元緩和　123, 133
一致指数　43
一般会計予算　137
イールドカーブ　133
岩戸景気　43
インターネット銀行　99
インフレーション(インフレ)　67

売りオペ　114

永久低金利の神話　126
営業余剰・混合所得　33

か　行

買いオペ　114
介護保険制度　167
外部性の問題　145
格付け会社　131
貨幣乗数　116
借換債　178
為替レート　198
　　実効――　199
　　実質――　199
　　実質実効――　199
　　名目――　198

名目実効—— 199
間接金融　93
完全失業率　75
環太平洋パートナーシップ協定　220, 221

企業所得　33
企業物価指数　69
基準財政需要　142
基礎消費　52
基礎的財政収支対象経費　137
逆淘汰　153, 172
供給曲線　7
共済組合年金　163
ギリシャ危機　106, 132
金融収支　192
金融ビッグバン　97
近隣窮乏化政策　210

空洞化　200
クラウディング・アウト　151

経常収支　192
景気動向指数研究会　43
経済循環図　5
経済の安定化　143
限界消費性向　52
建設国債　174

交易条件　200
公開市場操作　113
公共財　144
厚生年金　162
購買力平価説　214
効用関数　16
効率と公平のトレードオフ　149
国債　174
国際金融のトリレンマ　202
国際収支　192
国債費　137
国内企業物価指数　71
国内純所得（NNI）　36

国内純生産（NDP）　36
国内総生産（GDP）　18
国富　63
国民医療費　164
国民経済計算　27
国民所得　35
国民総所得（GNI）　35
国民総生産（GNP）　35
国民総福祉（GNH）　62
国民年金　162
国民負担率　169, 183
コストプッシュ・インフレーション　68
固定為替相場制　201
固定資本減耗　32
コブ＝ダグラス型生産関数　47
雇用者報酬　33
コンドラチェフの波　41

さ　行

在庫品増加　28
財産所得　33
歳出　137
財政投融資　141
最低賃金制度　86
在日外国銀行　99
歳入　137
裁量的金融政策　119
サブプライムローン問題　129
暫定予算　140
三面等価の法則　26, 27

時間的非整合性問題　120
資金不足主体　92
資金余剰主体　92
資源の再配分　143
市場供給曲線　7
市場均衡価格　7
市場需要曲線　6
市場の失敗　12
自然失業率　79
実質金利　104

索　引

実質値　20
ジニ係数　36
資本移転収支　192
資本収支　197
社会保障関連事業　154
社会保障と税の一体改革　164, 168
ジュグラーの波　41
需要曲線　6
証券会社　100
消費関数　52
消費者物価指数　69
消費税　183
情報の非対称性　3
所得税　180
所得の再分配　143
人口ピラミッド　159
信託銀行　99
神武景気　43
信用金庫　100
信用組合　100
信用乗数　116
信用創造メカニズム　111

スタグフレーション　24
ストック　62
ストック変数　31

政府最終消費支出　27
ゼロ金利政策　114, 128
選好　16
先行指数　43

総固定資本形成　28
総資本形成　28
総需要(AD)-総供給(AS)モデル　57
租税　136

た　行

第一次所得収支　194
対外純資産残高　195
対外純投資　205

大数の法則　170
第二地方銀行　99
単年度主義　139

チキンの波　41
遅行指数　43
地方銀行　99
地方交付税制度　142
中立命題　186
　バローの──　186
　リカードの──　186
超過供給　8
超過需要　8
長期金利　105
直接金融　93
貯蓄のパラドクス（節約のパラドクス）
　54

定常状態　49
ディマンドプル・インフレーション　68
デフレーション（デフレ）　67

投機的動機　56
東京証券取引所　101
投資関数　55
特別会計　140
特別会計予算　137
特例国債　174
都市銀行　97
取引動機　56

な　行

日経平均株価　102

は　行

ハイパワードマネー　115
パーシェ指数　71
バブル　126
バブル景気　43
バブル経済　124

237

比較優位の原理　219
非預金取扱金融機関　95
ビルトインスタビライザー効果　180

フィッシャー方程式　104
フィリップス曲線　79
付加価値　18
賦課方式　161
物価　68
物価水準　68
プライマリーバランス　138
プラザ合意　125
ブラック・マンデー　126
不良債権問題　96
ブレトンウッズ体制　220
フロー　62
フロー変数　31

ベヴァリッジ曲線　81
ペティ＝クラークの法則　84
変動為替相場制　198

貿易・サービス収支　193
法人税　181
保険会社　101
補正予算　140

ま 行

マイナス金利　107
マイナス金利政策　123, 135
マクロ生産関数　47
マネーサプライ　64, 115
マネーストック　64, 111
マネタリーベース　115
マンデル・フレミング・モデル　206

民間最終消費支出　27

無差別曲線　16
無担保コールレート　106

名目金利　104
名目値　20
メニューコスト　73

や 行

有効需要の原理　52
ゆうちょ銀行　99
輸出　28
輸入　29

預金証券　94
預金取扱金融機関　95
預金保険機構　96
欲望の二重の一致　1
予算　136
予算線　15
余剰　9
予想インフレ率　81
四大証券　100

ら 行

ラスパイレス指数　71

利子率　103, 104
利回り　104
リーマンショック　106, 129
流動性の罠　119
量的緩和政策　114, 128

累進課税　146

労働供給曲線　86
労働需要曲線　85
ローレンツ曲線　36

著者略歴

古川　徹也（ふるかわ　てつや）

1991年　慶應義塾大学経済学部卒業
1996年　慶應義塾大学大学院経済学研究
　　　　科博士課程単位取得満期退学
1996年　東京国際大学経済学部専任講師
現　在　東京国際大学経済学部教授

Ⓒ　古川徹也　2017

2017年1月31日　初版発行

経済学教室 11

日 本 経 済 論

著　者　古川徹也
発行者　山本　格

発行所　株式会社　培風館
東京都千代田区九段南4-3-12・郵便番号102-8260
電話(03)3262-5256(代表)・振替00140-7-44725

中央印刷・三水舎製本

PRINTED IN JAPAN

ISBN 978-4-563-06261-3　C3333